ひと皿で主食にもおかずにもなる、かんたん麺レシピ85

そうざい麺

ワタナベマキ

はじめに

本書を手にとってくださった皆さんは、
「"そうざい麺"って何だろう?」と思われたかもしれません。
具だくさんの麺料理を"そうざい麺"と呼び、ご紹介しています。
肉や魚介、野菜やきのこ、乾物などいろいろな食材を使った具材と
麺を合わせたメニューは、一品で満足できるところが魅力です。
いつもの麺料理とはひと味違うおいしさを味わっていただけるように
香味野菜の青じそやみつば、常備菜のきんぴらなどを麺にからめたり、
ひき肉やザーサイなど味の出る食材を生かして汁麺のスープにしたり、
新しい食感や風味を感じられるようなメニューを考えました。
また、麺料理が人気の理由は手軽に食べられることだと思います。
本書にも、少ない材料ですぐに作れるレシピをたくさん掲載しています。
ほかにも定番の麺料理から、そばの実など麺に類する食材を使ったサラダまで
幅広く楽しんでいただける一冊になりました。
日々の食卓に取り入れやすい和食麺、おもてなしにも使える洋食麺、
食欲をそそる中華麺、各国の個性あふれるエスニック麺というふうに
4つのchapterで構成していますので、その日の気分やお好みで、
"そうざい麺"のおいしさを感じていただけたらうれしいです。

ワタナベ マキ

Contents

chapter 3
中華麺

chapter 4
エスニック麺

＊だし汁のとり方

だし汁（約5カップ分）

① 鍋に5cm四方のだし昆布1枚と水5カップを入れ、20〜30分（時間があればひと晩）おく。弱めの中火にかけ、沸騰直前に昆布を取り出す。
② 水少々を差し、湯の温度を約80℃にする。削り節20gを加え、アクをとりながら弱火で約2分煮て火を止め、削り節が沈むまで3〜5分おく。
③ キッチンペーパーを敷いたざるをひとまわり大きなボウルにのせ、②をこし入れる。

- -

煮干しだし汁（約5カップ分）

① 煮干し7本は頭ワタとエラをとり、半分に割る。水5カップに5cm四方のだし昆布1枚とともに入れ、冷蔵庫でひと晩おく。
② ①を鍋に移して中火にかけ、ひと煮立ちさせて煮干しと昆布を取り出す。

＊本書の決まりごと

・各料理においしい調理法のマークを付記しました。
　あ＝麺と具材をあえる麺　炒＝麺と具材を炒める麺　汁＝汁に入っている麺　つ＝汁につける麺　冷＝冷たい麺　お＝麺類を使ったおかず　詳細はP6〜7を参照してください。
・麺のゆで方は、P8、P38、P64、P92で紹介しています。
・小さじ1は5mℓ、大さじ1は15mℓ、1カップは200mℓです。
・しょうが1かけ、にんにく1片とは、親指の先くらいの大きさを目安にしています。しょうがの薄切りは、風味をよくするため皮ごと使用しています。

そうざい麺いろいろ

ここで紹介する6つのキーワードは、
本書の麺料理の特徴を示したものです。各レシピページに
キーワードマークをつけているので、参考にしてください。

あ

あえ麺

麺に具材をのっけて、器の中で混ぜ合
わせて食べる温・冷の麺料理です。食
べるとき、おいしさが詰まった具材を、
麺にしっかりとからめる楽しみも、あえ
麺の魅力のひとつです。

炒

炒め麺

麺と具材をフライパンの中で炒める麺
料理です。たっぷりの具材と麺を、和・
洋・中・エスニックそれぞれの味つけ
で炒め合わせます。調理中からおいし
い香りが漂って、食欲をそそります。

汁

汁麺

温かい汁に麺と具材がたっぷり入った
スープヌードル。煮込んだものも含みま
す。肉や魚介、野菜など、具材のうま
味が溶けたスープはしみじみとおいしく、
体も心も温まる麺料理です。

つ

つけ麺

温・冷のつけ汁に麺をつけて食べる料理です。麺そのものの魅力も存分に味わえます。具だくさんのつけ汁は、栄養とおいしさを逃さないよう、麺と一緒にいただきます。

冷

冷麺

冷製パスタや冷やし中華、冷麺など、ひんやり冷たい麺料理です。食欲が落ちることの多い暑い季節にも、つるつるっと食べやすく、具材たっぷりで元気になれるラインナップです。

おかず

そばやそうめんはもちろん、麺に類する食材も幅広く使った料理です。ごはんのおかずに、お酒のつまみに、サラダに。いろいろ重宝するメニューで、麺料理の楽しみ方がぐんと広がります。

和食麺のゆで方

そうめんとひやむぎ、冷凍うどん、生そばのゆで方をご紹介します。
本書のレシピで麺をゆでるときにご参照ください。

〈そうめん・ひやむぎ〉	〈冷凍うどん〉	〈生そば〉

❶ 鍋にたっぷりの湯を沸かし（麺150〜200gなら目安は約2ℓ）、バラバラと麺を入れ、再沸騰させる。	❶ 鍋にたっぷりの湯を沸かし（麺2玉なら目安は約2ℓ）、凍ったままの麺を入れる。	❶ 鍋にたっぷりの湯を沸かし（麺2玉なら目安は約2ℓ）、ほぐしながら麺を入れ、再沸騰させる。

❷ 菜箸で軽くほぐしながら袋の表示通りにゆでる（ふきこぼれないように火加減を調節する）。	❷ 再沸騰してきたら、菜箸で軽くほぐしながら袋の表示通りにゆでて解凍する。	❷ 菜箸で軽くほぐしながら袋の表示通りにゆでる（ふきこぼれそうになったら、約1/2カップの差し水をする）。

❸ ゆで上がったらすぐにざるに上げ、冷水にさらしながらぬめりをとってしめ、しっかりと水けをきる。	❸ ゆで上がったらすぐにざるに上げて湯をきる。炒め麺などの場合はこのまま使う。	❸ ゆで上がったらすぐにざるに上げ、冷水にさらしながらぬめりをとってしめ、しっかりと水けをきる。

❹ あえ麺やつけ麺ならこのまま使い、温かい汁麺の場合は、再度ゆで汁にさっとくぐらせて温める。	❹ 冷たいあえ麺の場合は、冷水にさらしながらしめ、しっかりと水けをきる。	❹ あえ麺やつけ麺なら❸のまま使い、温かい汁麺の場合は再度ゆで汁にくぐらせて温める。

chapter 1

和食麺

Japanese Style Noodle

そうめん、ひやむぎ、うどん、そばを使った
和食の麺料理は、毎日食べても飽きない味。
アイデア満載の25品でレパートリーが広がります。

梅ささみあえ麺

材料　2人分

そうめん　3束 (150g)

鶏ささみ　4本

酒　大さじ1

梅干し（塩分13%くらいのもの）　2個

A ｜ しょうゆ　小さじ2
　　ごま油　小さじ1

細ねぎ（斜め切り）　2本分

1　ささみは筋をとり、酒を加えた湯で約1分半ゆでて火を止め、そのまま冷まし、食べやすい大きさに裂く。

2　梅干しは種をとり、包丁でたたく。1に加えてあえ、Aを加えて混ぜる。

3　そうめんは袋の表示通りにゆで、冷水でしめて水けをよくきり、キッチンペーパーで軽く押さえる。

4　器に盛り、2をのせ、細ねぎを散らす。

味のアクセント

梅干し

料理に特有の酸味や塩け、うま味を加える調味料的に活用しています。ここでは塩分約13%の自家製のものを使っています。

POINT

ささみは、ゆでたあとあら熱がとれるまでゆで汁ごとおいておくと、しっとりする。

梅干しは、ささみによくなじむよう、包丁で細かくたたく。

 淡泊な鶏ささみと梅干しをあえ、そうめんを合わせたさっぱり味のそうざい麺。暑い季節にもさらっと食べやすく元気をくれます。使用する梅干しの塩けによって、味を調節してください。

キャベツとじゃこあえ麺

材料 2人分

ひやむぎ 200g
キャベツ 150g
塩 小さじ1/2
ちりめんじゃこ 20g
黒酢 大さじ2
ごま油 大さじ1と1/2
白いりごま 小さじ2

1　キャベツはせん切りにし、塩をふってもみ、し
んなりしたら水分をぎゅっと絞る。

2　1にちりめんじゃこと黒酢を加えてあえ、ごま
油を加えてさっと混ぜる。

3　ひやむぎは袋の表示通りにゆで、冷水でしめ
て水けをよくきり、キッチンペーパーで軽く押さえ
る。

4　器に盛り、2をのせ、白ごまをふる。

あ ちりめんじゃこのうま味と黒酢の香りをまとったせん切りキャベツが麺によくからみます。キャベツ
は塩もみするとかさが減るので、たっぷり食べられるのもうれしい料理です。

揚げびたし野菜のぶっかけそうめん

材料　2人分

そうめん　3束 (150g)

なす　4本

パプリカ (黄)　1個

ししとう　10本

A {　だし汁 (→P5)　2カップ
　　しょうゆ　大さじ2
　　塩　小さじ1/3

揚げ油　適量

かつお削り節　5g

1　なすはガクをとり、縦半分に切り、皮に細かく斜めの切り目を入れる。パプリカは2cm幅に切る。ししとうは軸を切り落とし、切り目を入れる。

2　170℃に熱した油に1を入れ、軽く色づくまで揚げて油をきり、合わせたAにひたして冷ます。

3　そうめんは袋の表示通りにゆで、冷水でしめて水けをよくきり、キッチンペーパーで軽く押さえる。

4　器に盛り、2を汁ごとのせ、削り節をのせる。

あ　揚げびたし野菜は温かいままでも美味ですが、半日くらい冷蔵庫で冷やしておくと、ひと味違うおいしさを味わえます。ほかに、味のしみ込みやすいれんこんなどもおすすめです。

揚げ卵と青じその油麺

材料　2人分

ひやむぎ　200g
卵　2個
青じそ　10枚
A｜しょうゆ・黒酢　各大さじ2
ごま油　大さじ2
白いりごま　小さじ2

1　青じそはせん切りにする。

2　フライパンにごま油を中火で熱し、卵を割り入れる。白身が少し白くなったら黄身をつぶして全体を折りたたみ、両面に焼き目がつくまで焼く。

3　ひやむぎは袋の表示通りにゆで、冷水でしめて水けをよくきり、キッチンペーパーで軽く押さえ、1と合わせる。

4　器に盛り、2をのせ、合わせたAをまわしかけ、白ごまをふる。

 少ない材料で手軽に作れて、また食べたくなる一品。青じそとあえたさわやか風味のひやむぎに、揚げ焼きした卵をよくからめていただきます。青じそをバジルにかえれば、エスニック味も楽しめます。

豚肉と豆もやしの赤だしつけ麺

材料　2人分

そうめん　3束（150g）

豚バラ薄切り肉　150g

豆もやし　1袋

長ねぎ　12cm

A | だし汁（→P5）　2と1/4カップ
　 | 酒　大さじ2

B | 赤だしみそ　大さじ3
　 | おろししょうが　1かけ分
　 | しょうゆ　小さじ2

ごま油　小さじ1

1　豚肉は3cm幅に切る。豆もやしはひげ根をとり、長ねぎは斜め薄切りにする。

2　鍋にごま油を中火で熱し、豚肉を入れて焼き目がつくまで炒める。長ねぎを加えてさっと炒め、Aを加えてひと煮立ちさせ、アクをとる。

3　豆もやしとBを加えてなじませ、再度ひと煮立ちさせて火を止める。

4　そうめんは袋の表示通りにゆで、冷水でしめて水けをよくきり、キッチンペーパーで軽く押さえる。

5　器に盛り、椀に入れた3につけて食べる。

香ばしく焼いた豚肉のうま味に、赤みそを加えてしっかりした味に仕上げた汁が、そうめんによく合います。野菜はにらや玉ねぎなど、冷蔵庫にあるものでアレンジOKです。

しじみとキャベツのしょうが温麺

材料 2人分

そうめん　**3束** (150g)

しじみ (砂抜き済み)　**200g**

キャベツ　**150g**

A | しょうが (せん切り)　**1かけ分**
だし汁 (→P5)　**2と1/2カップ**
酒　**大さじ2**

塩　**小さじ1**

白いりごま　**小さじ2**

1 しじみは殻をこすり合わせてよく洗う。キャベツは1cm幅に切る。

2 鍋にAと1を入れて中火にかける。ひと煮立ちさせてアクをとり、ふたをして弱火で約3分煮て塩を加える。

3 そうめんは袋の表示通りにゆでて冷水でしめ、再度ゆで汁でさっと温めて湯をきる。

4 器に盛り、2をかけ、白ごまをふる。

するすると食べられるやさしい温麺。しじみのだしとキャベツの甘み、しょうがの風味が一体になった絶妙なおいしさです。しじみのおいしい季節にぜひお試しください。

ちくわとみつばの卵煮麺

材料　2人分

そうめん　3束（150g）
ちくわ　5本
みつば　2束
溶き卵　2個分
A｜だし汁（→P5）　2と1/2カップ
　｜酒・みりん・しょうゆ　各大さじ1
　｜塩　ひとつまみ
黒いりごま　小さじ2

1　ちくわは7〜8mm幅に切り、みつばはざく切りにする。

2　鍋にAとちくわを入れて中火にかけ、ひと煮立ちさせる。溶き卵を高い位置から細長く流し入れ、卵がかたまるまで混ぜずに、ふんわりする程度に火を通す。

3　そうめんは袋の表示通りにゆでて冷水でしめ、再度ゆで汁でさっと温めて湯をきる。

4　器に盛り、2をかけ、みつばをのせ、黒ごまをふる。

汁　手軽な食材でさっと作れる素朴な汁麺。ちくわからおいしいだしが出て、しみじみとおいしい穏やかな味わいです。ちくわと卵に甘みがあるので、フレッシュなみつばのほろ苦さをきかせます。

牛肉とピーマンの焼きうどん

材料　2人分

冷凍うどん　2玉
牛ロース焼き肉用肉　200g
赤ピーマン　2個
玉ねぎ　1/2個
A　紹興酒（または酒）　大さじ2
　　オイスターソース　大さじ2
しょうゆ　小さじ1
ごま油　小さじ2
赤唐辛子（小口切り）　1/2本分

1　牛肉と赤ピーマンは7〜8mm幅に切る。玉ねぎは縦に薄切りにする。

2　冷凍うどんは袋の表示通りにゆでて湯をきる（または電子レンジで解凍する）。

3　フライパンにごま油を中火で熱し、1を入れて肉に焼き目がつくまで炒める。

4　Aを加えて汁けがなくなるまでからめ、2を加えて炒め合わせ、しょうゆを加える。

5　器に盛り、赤唐辛子を散らす。

味のアクセント

オイスターソース

かきのエキスを主原料とする中華料理の調味料。うま味たっぷりで、料理に濃厚なコクと風味を加えてくれます。

POINT

具材の牛肉、赤ピーマン、玉ねぎ。なるべく細長く切ると、うどんによくからむ。

オイスターソースを加えて炒め、具材にしっかりと味をつけてからうどんを加える。

炒

焼き肉用の牛肉を使い、オイスターソースのコクをきかせて、見た目も味もボリューミィに仕上げた豪華な焼きうどん。野菜もたっぷりで、食べごたえも栄養も満点です。

れんこんと鶏肉のゆずこしょう焼きうどん

材料　2人分

冷凍うどん　2玉
鶏もも肉　200g
れんこん　150g
長ねぎ　12cm
A ┃ ゆずこしょう　小さじ1と1/2
　 ┃ 酒　大さじ2
しょうゆ　小さじ1
ごま油　小さじ2
刻みのり　適量

1　鶏肉は好みで皮をとり、2cm幅に切る。れんこんは皮をよく洗い、すりこぎなどで粗くたたく。長ねぎは斜め薄切りにする。

2　冷凍うどんは袋の表示通りにゆでて湯をきる（または電子レンジで解凍する）。

3　フライパンにごま油を中火で熱し、鶏肉を入れて焼き目がつくまで炒める。

4　れんこんと長ねぎを加えてさっと炒め、Aを加えてからめる。ふたをしてれんこんが透き通るまで弱火で約2分蒸し炒めをする。

5　中火に戻し、2を加えて炒め合わせ、しょうゆを加える。器に盛り、のりを散らす。

炒

ゆずこしょうのさわやかな辛みと、炒めた長ねぎの甘みのバランスが絶妙な、大人の味の焼きうどんです。鶏肉は最初に香ばしく焼き、れんこんは味がよくしみるように、たたいて加えます。

さつまいもと豚肉のけんちんうどん

材料 2人分

冷凍うどん　2玉
豚ロース薄切り肉　150g
さつまいも　150g
玉ねぎ　1/2個
A｜だし汁（→P5）　2と1/2カップ
　｜酒・みりん　各大さじ1
B｜しょうゆ　大さじ1
　｜塩　小さじ1/4
みつば（刻む）　1/2束分

1　豚肉は3cm幅に切る。さつまいもは皮つきのまま1cm厚さの半月切りにし、玉ねぎは2cm四方に切る。

2　鍋にさつまいも、玉ねぎ、Aを入れて中火にかける。煮立ったら豚肉をほぐしながら加え、ひと煮立ちさせてアクをとる。

3　ふたをして弱火で約5分煮てBを加える。

4　冷凍うどんは熱湯をまわしかけて半解凍し、3に加え、ほぐしながらひと煮立ちさせる。

5　器に盛り、みつばを散らす。

豚肉から出るだしに、さつまいもと玉ねぎのまろやかな甘みが加わった汁は、体にしみる深い味。うどんにもよくなじみます。さつまいもはよく洗い、栄養のある皮ごと使います。

根菜すいとん

材料　2人分

にんじん　70g

大根　120g

ごぼう　1/3本

かぼちゃ　120g

こんにゃく（アク抜き済み）　100g

A｜ だし汁（→P5）　2と1/2カップ
　｜ 酒　大さじ2
　｜ みりん　大さじ1

B｜ 薄力粉・強力粉　各大さじ3
　｜ 水　大さじ5〜6

C｜ しょうゆ　大さじ2
　｜ 塩　ひとつまみ

ごま油　小さじ1

白いりごま　小さじ2

1　にんじんは5mm厚さ、大根は1cm厚さのいちょう切りにする。ごぼうは斜め薄切りにする。

2　かぼちゃはところどころ皮をむき、1cm厚さに食べやすく切る。こんにゃくはスプーンで食べやすい大きさにちぎる。

3　鍋にごま油を中火で熱し、1を入れて透き通るまで炒める。Aを加えてひと煮立ちさせ、アクをとる。2を加え、再度ひと煮立ちさせる。

4　Bを合わせて粉っぽさがなくなるまで混ぜ、スプーンでひと口大ずつすくって3に落とし、透き通るまで約5分煮る。Cを加えて味を調え、器に盛り、白ごまをふる。

汁　本書ではすいとんも麺料理として楽しんでください。薄力粉と強力粉で作るすいとんは、もちっとした独特の食感。根菜の滋味深い味と好相性です。

きしめん牛すき鍋

材料　2人分

きしめん（乾麺）　100g
牛ロースすき焼き用肉　6枚
九条ねぎ　4本
みりん・しょうゆ　各大さじ2
A｜だし汁（→P5）　2カップ
　｜酒　大さじ1
　｜塩　小さじ1/4
ごま油　小さじ1
七味唐辛子　少々

1　九条ねぎは小口切りにする。

2　きしめんは袋の表示通りにゆでて湯をきる。

3　鍋にごま油を中火で熱し、牛肉を入れてさっと焼き目をつけ、みりん・しょうゆ各大さじ1を加えてからめ、一度取り出す。

4　鍋にAと残りのみりん、しょうゆを入れて中火にかけ、ひと煮立ちさせて2を加え、弱めの中火で約3分煮る。

5　1と3をのせ、七味唐辛子をふる。

　きしめんは、うどんより薄くて平たい麺。味がしみ込みやすくて煮込み料理によく合います。みりんとしょうゆをからめてさっと焼いた、やわらかな牛肉と一緒にいただきます。

トマトと油揚げのカレーうどん

材料　2人分

冷凍うどん　2玉
油揚げ　2枚
ミディトマト　3個
長ねぎ　15cm
A ┃ しょうが（せん切り）　1かけ分
　 ┃ カレー粉　小さじ1
B ┃ だし汁（→P5）　2と1/2カップ
　 ┃ 酒・みりん　各大さじ1
C ┃ カレールー（フレーク）　大さじ3
　 ┃ しょうゆ　大さじ1
ごま油　小さじ1
黒いりごま　小さじ2

1　油揚げは熱湯をまわしかけて油抜きをし、三角形に切る。トマトはくし形切りにし、長ねぎは長さを3等分して縦半分に切る。

2　鍋にごま油とAを入れて中火で熱し、香りが立ったら長ねぎを加えてさっと炒め、Bを加える。

3　煮立ったらアクをとり、油揚げとCを加える。さっと湯をまわしかけて半解凍した冷凍うどんを加え、麺をほぐしながらひと煮立ちさせ、2～3分煮る。

4　トマトを加えてひと煮立ちさせ、器に盛る。黒ごまをふり、好みでカレー粉少々（分量外）をふる。

汁　さらりと食べられるヘルシーなカレーうどんです。酸味と甘みのあるトマトはスパイシーなカレーと好相性。油揚げは、ちょっと厚めのものを使うと"そうざい感"がぐんと上がります。

長ねぎと鶏肉の
みそ煮込みうどん

材料 2人分

冷凍うどん　2玉
鶏もも肉　250g
長ねぎ　1/2本
しょうが（せん切り）　1かけ分
A｜だし汁（→P5）　2カップ
　｜酒・みりん　各大さじ1
みそ　大さじ3
しょうゆ・ごま油　各小さじ1

1　鶏肉は好みで皮をとり、2cm幅に切る。長ねぎは斜め薄切りにする。

2　鍋にごま油を中火で熱し、しょうがを入れ、香りが立ったら鶏肉を加え、焼き目がつくまで炒める。

3　長ねぎを加えてさっと炒め、Aを加えてひと煮立ちさせ、アクをとる。ふたをして弱めの中火で約5分煮て、みそを加えてなじませる。

4　冷凍うどんはさっと湯をまわしかけて半解凍し、3に加え、麺をほぐしながら約3分煮てしょうゆを加える。

汁　具材2つで十分おいしく、しっかり味がしみた煮込みうどん。鶏肉をごま油としょうがで香ばしく焼きつけることで、肉の臭みもとれ、こっくりとした仕上がりになります。

さばおろしうどん

材料 2人分

冷凍うどん　2玉
さば缶　1缶（190g）
大根　200g
みょうが　2個
ポン酢　大さじ4
すだち（あれば）　1個

1　大根はすりおろし、汁を軽く絞る。みょうがは小口切りにし、水にさっとさらして水けをきる。

2　さばは缶汁をきって粗くほぐし、1に加え、ポン酢を加えてあえる。

3　冷凍うどんは袋の表示通りにゆで、冷水でしめて水けをよくきる。

4　器に盛り、2をのせ、あれば半分に切ったすだちを添える。

 常備食材ですぐに作れる、さっぱりとしたあえうどん。みょうがとすだちでさばの臭みが消えて、さわやかな味わいです。忙しい日のランチなどに重宝します。

鶏ささみとたたききゅうりの
あえうどん

材料　2人分

冷凍うどん　2玉

鶏ささみ　5本

酒　大さじ1

きゅうり　2本

A
おろししょうが　1かけ分
粉山椒　小さじ1/2
塩　小さじ2/3
米酢・ごま油　各大さじ1

粉山椒　少々

1　ささみは筋をとり、酒を加えた湯で約1分半ゆでて火を止める。そのまま冷まし、食べやすい大きさに裂く。

2　きゅうりはすりこぎなどで粗くたたく。

3　Aを合わせ、1と2を加えてあえる。

4　冷凍うどんは袋の表示通りにゆで、冷水でしめて水けをよくきる。

5　器に盛り、3をのせ、粉山椒をふる。

あ さわやかな辛みのある粉山椒をきかせた一品。あえ麺は、具材にしっかり味をつけるのが大事なので、きゅうりにもよく調味料がしみ込むように、すりこぎなどでたたきます。

磯はんぺんそば

材料　2人分

生そば　2玉
はんぺん　大1枚
あおさ　8g

A
| だし汁 (→P5)　3カップ
| 酒　大さじ1
| しょうゆ　大さじ2
| 塩　小さじ1/5

ごま油　少々
白いりごま　小さじ2

1　フライパンにごま油を中火で熱し、はんぺんを入れて両面に焼き目がつくまで焼き、2cm角に切る。

2　鍋にAと1を入れて中火にかける。煮立ったらあおさを加え、2〜3分煮る。

3　そばは袋の表示通りにゆでて冷水でしめ、再度ゆで汁で温めて湯をきる。

4　器に盛り、2をかけ、白ごまをふる。

味のアクセント

あおさ

みそ汁の具としてもおなじみの海藻。「あおさのり」とも呼ばれます。磯の香りが漂い、素朴な汁そばに奥行きが生まれます。

POINT

はんぺんは両面を色よく焼いてから煮ると、香ばしく仕上がる。

あおさは風味を生かすため、あまり煮込まず、ふやかす程度に火を通す。

 汁　魚のすり身から作られるはんぺんは味の出る食材で、汁麺の具にぴったり。ここでは香ばしく焼いてから使います。風味のよいあおさと相まって、シンプルながら深い味わいに。

鴨南蛮そば

材料 2人分

生そば　2玉
合鴨ローススライス　150g
長ねぎ　1/2本

A
だし汁（→P5）　3カップ
酒・みりん　各大さじ1
しょうゆ　大さじ2
塩　小さじ1/3

七味唐辛子　少々

1　長ねぎは5cm長さに切り、縦半分に切る。

2　鍋にAと1を入れて中火にかける。煮立ったら合鴨を加え、弱めの中火でひと煮立ちさせ、アクをとる。

3　そばは袋の表示通りにゆでて冷水でしめ、再度ゆで汁で温めて湯をきる。

4　器に盛り、2をかけ、七味唐辛子をふる。

定番の汁そば。合鴨はさっと火を通すだけでも十分に味が出るので、あまり煮込まないよう注意して、やわらかく仕上げます。

えびと長いものかやくそば

材料　2人分

生そば　2玉

えび（ブラックタイガーなど）　8尾

片栗粉　大さじ2

長いも　200g

A｜だし汁（→P5）　3カップ
　｜酒・しょうゆ　各大さじ2
　｜塩　小さじ1/3

しょうが（せん切り）　1かけ分

青じそ（せん切り）　6枚分

1　えびは殻、尾、背ワタをとり、片栗粉をまぶしてもみ、流水で洗って1.5cm角に切る。長いもも1.5cm角に切る。

2　鍋にAとしょうがを入れて中火にかける。煮立ったら1を加え、弱めの中火でひと煮立ちさせ、アクをとる。

3　そばは袋の表示通りにゆでて冷水でしめ、再度ゆで汁で温めて湯をきる。

4　器に盛り、2をかけ、青じそをのせる。

 汁　長いものねばりで、ほんのりとろみのついた汁は、具材や麺と一緒に飲みほせるまろやかな味。長いもはシャキシャキ感を生かすため、ひと煮立ちさせる程度に火を通します。

豆腐ごまだれそば

材料 2人分

生そば 2玉
絹ごし豆腐 200g
白いりごま 大さじ1
白練りごま 大さじ3
A | だし汁 (→P5) 1カップ
　 | しょうゆ 大さじ2
　 | 塩 小さじ1/4
細ねぎ 5本
粉山椒 少々

1 白いりごまはすり鉢で粗くすり、豆腐、白練りごま、Aを加え、なめらかになるまですり混ぜる。

2 細ねぎは斜め切りにする。

3 そばは袋の表示通りにゆで、冷水でしめて水けをよくきる。器に盛り、2をのせる。

4 1を碗に盛り、粉山椒をふり、3をつけて食べる。

豆腐がたっぷり入った、おかずのようなつけだれにそばをつけていただきます。豆腐の水分を生かすため水きりはしません。麺にどっさりのせる細ねぎもおかずのひとつ。みつばでも合います。

ひき肉ときのこのしょうがつけ麺

材料　2人分

生そば　2玉
鶏ひき肉　150g
しめじ　100g
えのきたけ　80g
玉ねぎ　1/3個
A{
　だし汁（→P5）　2と1/2カップ
　酒　大さじ1
　しょうゆ　大さじ2
　塩　小さじ1/4
}
おろししょうが　1/2かけ分
ごま油　小さじ2
しょうが（せん切り）　1かけ分

1　しめじは石づきを切り落としてほぐし、えのき
は石づきを切り落として3cm長さに切る。玉ねぎ
は縦に薄切りにする。

2　鍋にごま油を中火で熱し、ひき肉と1を入れ、
肉の色が変わるまで炒める。

3　Aを加えてひと煮立ちさせ、アクをとり、弱火
で約3分煮ておろししょうがを加える。

4　そばは袋の表示通りにゆで、冷水でしめて水
けをよくきり、器に盛る。

5　3を碗に盛り、しょうがをのせ、4をつけて食
べる。

鶏ひき肉ときのこから、うま味の詰まったおいしいだしが出る具だくさんのつけ汁。しょうががき
りっと引き締めてくれます。冷水でしめたおそばとの相性も抜群です。

大根のすだちそば

材料 2人分

生そば　2玉
大根　250g
すだち　4個

A
だし汁 (→P5)　2カップ
酒　大さじ1
しょうゆ　大さじ2
塩　小さじ1/3

1　鍋にAを入れて中火にかけ、ひと煮立ちさせてあら熱をとり、冷やしておく。

2　大根はせん切りにする。すだちはごく薄い輪切りにする。

3　そばは袋の表示通りにゆで、冷水でしめて水けをよくきり、大根と合わせる。

4　器に盛り、1を注ぎ、すだちをのせる。

 暑い季節におすすめの、すっきりとした清涼感のあるあえ麺です。シャキシャキとしたせん切り大根と合わせたそばは新鮮な食感。ヘルシーでいくらでも食べられそうです。

ごぼうとにんじんのきんぴらそば

材料　2人分

生そば　2玉
ごぼう　1/2本（150g）
にんじん　1本（80g）
A｜
　だし汁（→P5）　2カップ
　酒　大さじ1
　しょうゆ　大さじ2
　塩　小さじ1/4
B｜酒・みりん　各大さじ1
しょうゆ　大さじ1
ごま油　小さじ2
木の芽（あれば）　適量

1　鍋にAを入れて中火にかけ、ひと煮立ちさせてあら熱をとり、冷やしておく。

2　ごぼうは皮をこそげてごく細いせん切りにし、水にさっとさらす。にんじんもごく細いせん切りにする。

3　フライパンにごま油を中火で熱し、水けをきった2を入れて透き通るまで炒める。Bを加えて汁けがなくなるまで炒め、しょうゆを加えて炒め合わせ、あら熱をとる。

4　そばは袋の表示通りにゆで、冷水でしめて水けをよくきり、3と合わせる。

5　器に盛り、1を注ぎ、あれば木の芽をのせる。

あ　おそうざいの代表・きんぴらと、そばを合わせたあえ麺。新鮮なおいしさで、定番にしたいそうざい麺です。ごぼうとにんじんはそばによくからむよう、できるだけ細く切るのがポイント。

そばいなり

材料　2人分

生そば　1玉
油揚げ　3枚
みつば　1束
塩　少々
A
　だし汁（→P5）　1カップ
　酒・てん菜糖（または上白糖）
　各大さじ1
　みりん・しょうゆ　各大さじ2
　塩　小さじ1/4
ゆずの皮　適量
白いりごま　小さじ2

1　油揚げは表面にめん棒などを転がし、横半分に切り、約2分ゆでて油抜きをする。

2　鍋に1とAを入れて中火にかける。煮立ったら落としぶたをし、汁けが少なくなるまで約15分煮る。

3　そばは袋の表示通りにゆで、冷水でしめて水けをよくきり、粗く刻んだみつばと塩を混ぜる。6等分して2に詰める。

4　器に盛り、せん切りにしてさっと水にさらしたゆずの皮を散らし、白ごまをふる。

酢めしのかわりにそばを詰めたいなり。塩でさっと味をつけ、みつばを加えたそばはさわやかな味です。ごはんよりも手軽で、軽くつまめるおかずは、人が集まるときなどにおすすめ！

そばの実とかぶのサラダ

材料　2人分

そばの実　80g
かぶ　2個
かぶの葉　2株分
塩　小さじ1/2
白ワインビネガー　大さじ2

A ┃ オリーブオイル　大さじ2
　 ┃ 粗びき黒こしょう　少々

1　鍋にそばの実を入れ、かぶるくらいの水を加えて中火にかける。煮立ったら弱めの中火で約12分煮てざるに上げ、あら熱をとる。

2　かぶは縦半分にして縦に薄切りにし、かぶの葉は小口切りにする。それぞれに塩小さじ1/4をふってもみ、しんなりしたら水分をぎゅっと絞る。

3　1と2を合わせ、白ワインビネガーを加えてなじませ、Aを加えてさっとあえる。

お　健康食材として注目されているそばの実。本書では麺に類する食材として紹介します。オリーブオイルと白ワインビネガーであえるシンプルなサラダで、特有の食感と風味をお楽しみください。

洋食麺のゆで方

スパゲッティなどのロングパスタ、ペンネなどのショートパスタのゆで方です。
本書のレシピで麺をゆでるときにご参照ください。

column

〈スパゲッティなどのロングパスタ〉

❶ 鍋にたっぷりの湯を沸かし（パスタ160gなら目安は約2ℓ）、塩（目安は湯の量の約1%）を加える。

❷ パスタをパラパラとばらしながら入れ、再沸騰させる。

❸ パスタがくっつかないよう、トングなどでほぐしながら袋の表示通りにゆでる。

❹ ゆで上がったらすぐにざるに上げて湯をきる。ゆで汁を料理の味の調整に使う場合はとっておく。

〈ペンネなどのショートパスタ〉

❶ 鍋にたっぷりの湯を沸かし（パスタ160gなら目安は約2ℓ）、塩（目安は湯の量の約1%）を加える。

❷ パスタをパラパラと入れ、再沸騰させ、くっつかないようにほぐしながら袋の表示通りにゆでる。

❸ ゆで上がったらすぐにざるに上げて湯をきる。ゆで汁を料理の味の調整に使う場合はとっておく。

❹ サラダなどに使う場合は、ゆでたあとに冷水にさらしてしめ、しっかりと水けをきる。

chapter 2

洋 食 麺

Western Style Noodle

定番からアレンジメニューまで、
ふだんの食卓はもちろん、おもてなしにも便利な
各種パスタを使った21品を紹介します。

濃厚カルボナーラ

材料　2人分

スパゲッティ (2.2mm)　160g

パンチェッタ　70g

A
卵黄　2個分
パルミジャーノ・レッジャーノ (削る)
30g
生クリーム　1/2カップ

塩　小さじ1/3

オリーブオイル　小さじ1

黒粒こしょう (粗く刻む)　8粒分

1　スパゲッティは塩適量（分量外）を加えた湯で袋の表示通りにゆでる。

2　フライパンにオリーブオイルを中火で熱し、7〜8mm幅に切ったパンチェッタを入れ、軽く焼き目がつくまで焼く。

3　ボウルにAと2を合わせて混ぜ、湯をきった1を熱いうちに加えてあえ、塩を加えて味を調える。

4　器に盛り、黒こしょうを散らす。

味のアクセント

パンチェッタ

豚バラ肉を塩漬けしたイタリアの食材。熟成された豚肉の濃厚なうま味と塩けが、カルボナーラの味の決め手になります。

POINT

パンチェッタは、あまりカリカリにならないよう、軽く色づく程度に焼く。

スパゲッティは熱いうちに加え、素早くあえるとクリーミィに仕上がる。

日本でも人気のあるイタリアのパスタ料理。炒めたパンチェッタとパスタを、熱いうちに卵液にからめるのがポイントです。粗く刻んだ黒粒こしょうは、味と見た目のアクセント。

揚げなすとトマトのパスタ

材料 2人分

スパゲッティ (1.7mm) 160g

なす 4本

トマト 2個 (300g)

A にんにく (薄切り) 1片分
赤唐辛子 (小口切り) 1/2本分

塩 小さじ1/3

オリーブオイル 大さじ1

揚げ油 適量

粗びき黒こしょう 少々

1 スパゲッティは塩適量 (分量外) を加えた湯で袋の表示通りにゆでる。ゆで汁はとっておく。

2 なすは乱切りにし、水にさらしてキッチンペーパーで水けをとる。トマトは1cm角に切る。

3 170℃に熱した油になすを入れ、やわらかくなるまで約4分揚げる。

4 フライパンにオリーブオイルとAを入れて中火で熱し、香りが立ったらトマトを加え、軽くつぶしながら煮詰める。3を加えてなじませ、1のゆで汁お玉1杯と塩を加え、しっかりとなじませる。

5 器に湯をきった1を盛り、4をのせ、黒こしょうをふる。

あ なすはじっくり揚げてやわらかくジューシーに、トマトは軽くつぶしてフレッシュさを生かします。相性のいい2つの野菜を、パスタにどっさりとのせていただきましょう。

根菜ボロネーゼ

材料　2人分

フェットチーネ　160g
合いびき肉　150g

A
| 玉ねぎ　1/2個（100g）
| にんじん　1/2本（50g）
| れんこん　120g
| ごぼう　80g

にんにく（みじん切り）　1片分
赤ワイン　1/4カップ
ホールトマト缶　200g
タイム　3本

B
| ウスターソース　大さじ1
| しょうゆ　小さじ1
| 塩　小さじ2/3

オリーブオイル　大さじ1
粗びき黒こしょう　少々

1　Aはすべて粗みじん切りにする。

2　フライパンにオリーブオイルとにんにくを中火で熱し、香りが立ったら1を加え、全体がしんなりするまで炒める。

3　ひき肉を加えて色が変わるまで炒め、赤ワインとホールトマトをつぶしながら加え、ひと煮立ちさせてアクをとる。

4　タイムを加え、ふたをして弱火で約15分煮てBを加え、約10分煮る。

5　フェットチーネは塩適量（分量外）を加えた湯で袋の表示通りにゆで、湯をきって4に加え、炒め合わせる。

6　器に盛り、タイム数本（分量外）をのせ、黒こしょうをふる。

炒　イタリア料理のボロネーゼに、シャキシャキ食感の根菜をたっぷり加えた、食べごたえのある一品。平たいパスタ・フェットチーネと合わせます。

レモンクリームパスタ

材料　2人分

スパゲッティ (1.7mm)　160g

玉ねぎ　1/2個

白ワイン　大さじ2

A 　生クリーム　1/2カップ
　　レモン汁　大さじ1

塩　小さじ1/2

オリーブオイル　大さじ1

レモンの皮 (すりおろす)・パセリ (みじん切り)・粗びき黒こしょう　各少々

1　スパゲッティは塩適量 (分量外) を加えた湯で袋の表示通りにゆでる。

2　フライパンにオリーブオイルを中火で熱し、縦に薄切りにした玉ねぎを入れて透き通るまで炒める。

3　白ワインを加えてひと煮立ちさせ、Aを加え、再度ひと煮立ちさせる。湯をきった1を加えてからめ、塩を加えてなじませる。

4　器に盛り、レモンの皮とパセリを散らし、黒こしょうをふる。

炒　具材はシンプルですが、玉ねぎの甘みと生クリームでリッチな味わいになります。レモンのおかげでもったりしすぎず、さわやかなあと味で、また食べたくなるおいしさです。

ナポリタン

材料　2人分

スパゲッティ (2.2mm)　160g

玉ねぎ　1/2個

粗びきソーセージ　8本

にんにく (つぶす)　1片分

A｜白ワイン　大さじ2

　｜トマトケチャップ　大さじ5

塩・粗びき黒こしょう　各少々

オリーブオイル　小さじ2

バター　大さじ1

パルミジャーノ・レッジャーノ (削る)

　15g

1　スパゲッティは塩適量（分量外）を加えた湯で袋の表示通りにゆでる。

2　玉ねぎは縦に薄切りにし、ソーセージは2〜3等分に切る。

3　フライパンにオリーブオイルとバター、にんにくを入れて中火で熱し、香りが立ったら玉ねぎを加え、軽く色づくまで炒める。

4　ソーセージを加えて炒め、Aを加えて煮立たせる。湯をきった1を加えて炒め合わせ、塩を加えて味を調える。器に盛り、パルミジャーノを散らし、黒こしょうをふる。

炒

ケチャップ味がなつかしい、昔ながらのナポリタン。スパゲッティは少し太めのものを使い、もっちり感を楽しみます。ソーセージをベーコンにしたり、ピーマンを加えても。

アボカドとアンチョビの冷製パスタ

材料 2人分

カッペリーニ 100g
アボカド 2個
レモン汁 大さじ2
アンチョビフィレ 4切れ
にんにく(みじん切り) 1/2片分
A | オリーブオイル 大さじ3
　 | 塩 少々
粗びき黒こしょう 少々

1 カッペリーニは塩適量(分量外)を加えた湯で袋の表示通りにゆで、冷水でしめて水けをよくきり、キッチンペーパーで軽く押さえる。

2 アボカドは2cm角に切り、レモン汁を加える。

3 アンチョビはみじん切りにし、2に加えて混ぜる。1とにんにくを加えてあえ、Aを加えてさっと混ぜる。

4 器に盛り、黒こしょうをふる。

 カッペリーニは、主に冷製パスタに使われる細いパスタです。アボカドやマンゴーなど、ねっとりとした食感のある食材と合わせると、麺によくからみます。

生ハムとマンゴーの冷製パスタ

材料 2人分

カッペリーニ　100g
生ハム　60g
マンゴー　1個
A｜白ワインビネガー　小さじ2
　｜塩　小さじ1/3
オリーブオイル　大さじ3
粗びき黒こしょう　少々

1　カッペリーニは塩適量(分量外)を加えた湯で袋の表示通りにゆで、冷水でしめて水けをよくきり、キッチンペーパーで軽く押さえる。

2　生ハムは食べやすい大きさに切り、マンゴーは2cm角に切る。Aを加えてあえ、1とオリーブオイルを加えてさっと混ぜる。

3　器に盛り、黒こしょうをふる。

冷　冷製パスタは、生ハムやアンチョビなど、しっかりとした塩けのある食材を具材に加えると、味がきりっとしまります。マンゴーのほかに、いちじくなどで作るのもおすすめです。

ズッキーニとモッツァレラの
冷製パスタ

材料　2人分

カッペリーニ　100g

ズッキーニ　1本

塩　小さじ2/3

モッツァレラチーズ　200g

A
にんにく (つぶす)　1片分
レモン汁　大さじ1
オリーブオイル　大さじ3

クミンパウダー・粗びき黒こしょう
　各少々

1　ズッキーニは3mm厚さの半月切りにし、塩を
ふってさっと混ぜ、10分おいて水分を絞る。

2　1、食べやすい大きさにちぎったモッツァレラ、
Aを合わせてあえる。

3　カッペリーニは塩適量（分量外）を加えた湯
で袋の表示通りにゆで、冷水でしめて水けをよく
きり、キッチンペーパーで軽く押さえる。

4　2に3を加えてあえ、塩少々（分量外）を加え
て味を調える。

5　器に盛り、クミンパウダーと黒こしょうをふる。

　ほんのりとミルクの香りがするフレッシュチーズとズッキーニを合わせたさわやかな冷製パスタで
す。仕上げにクミンパウダーをひとふりして、風味のアクセントを加えます。

バジルとトマトの冷製パスタ

材料　2人分

カッペリーニ　100g
フルーツトマト　5個
バジルの葉　8枚
A｜にんにく（みじん切り）　1/2片分
　｜塩　小さじ2/3
　｜オリーブオイル　大さじ3
塩・粗びき黒こしょう　各少々

1　カッペリーニは塩適量（分量外）を加えた湯で袋の表示通りにゆで、冷水でしめて水けをよくきり、キッチンペーパーで軽く押さえる。

2　トマトは6等分のくし形切りに、バジルの半量はみじん切りにして合わせ、Aを加えてよくあえる。

3　1とちぎった残りのバジルを加えてあえ、塩を加えて味を調える。

4　器に盛り、黒こしょうをふる。

冷　甘みとうま味の強いフルーツトマトをたっぷり使います。トマトと相性のいいバジルは、半分は刻んで味をよくなじませて、半分は食べやすくちぎってさっとあえます。

ペンネ・アラビアータ

材料 2人分

ペンネ　160g
トマト　2個（300g）
玉ねぎ　1/2個
ドライトマト　30g
A｜にんにく（みじん切り）　1片分
　｜赤唐辛子（種をとる）　1/2本
白ワイン　大さじ2
塩　小さじ1/3
オリーブオイル　大さじ2
パルミジャーノ・レッジャーノ（削る）
　　15g
粗びき黒こしょう　少々

1　ペンネは塩適量（分量外）を加えた湯で袋の表示通りにゆでる。ゆで汁はとっておく。

2　トマトは種をとって粗みじん切りにし、玉ねぎも粗みじん切りにする。ドライトマトは、かたいものは湯に5分ひたしてもどし、粗みじん切りにする。

3　フライパンにオリーブオイルとAを入れて中火で熱し、香りが立ったら2と白ワインを加え、トマトをつぶしながらひと煮立ちさせ、ヘラで混ぜながら約5分煮詰める。

4　1のゆで汁80mℓを加えてしっかりとなじませ、湯をきったペンネを加えてからめ、塩を加えて味を調える。

5　器に盛り、パルミジャーノを散らし、黒こしょうをふる。

味のアクセント

ドライトマト

トマトの甘みや酸味、うま味がぎゅっと凝縮されたドライトマトを加えると、ソースの味にぐんと深みが出ます。

POINT

トマトは横半分に切り、スプーンで種をすくって取り除くと、口当たりよく仕上がる。

トマトはヘラでつぶすようにしながら炒める。

炒　アラビアータは、ピリッと辛みのあるトマトソースです。ここではショートパスタのペンネと合わせましたが、ロングパスタでもOK。その場合は玉ねぎを薄切りにします。

フンギのショートパスタ

材料 2人分

ショートパスタ　120g

マッシュルーム　7個

エリンギ　1本

ポルチーニ（乾燥）　4個

にんにく（みじん切り）　1片分

A
| 玉ねぎ（みじん切り）　1/2個分
| セロリ（みじん切り）　1/3本分

B
| 白ワイン　大さじ2
| 生クリーム　1/2カップ

C
| パセリ（みじん切り）　大さじ1
| 塩　小さじ2/3

オリーブオイル　大さじ1

粗びき黒こしょう　少々

1　パスタは塩適量（分量外）を加えた湯で袋の表示通りにゆでる。ゆで汁はとっておく。

2　マッシュルームは石づきを切り落として7〜8mm角に切り、エリンギも7〜8mm角に切る。ポルチーニはひたひたのぬるま湯に10分ひたしてもどし、粗みじん切りにする。もどし汁はとっておく。

3　フライパンにオリーブオイルとにんにくを入れて中火で熱し、香りが立ったら2のきのことAを加え、しんなりするまで炒める。Bと2のもどし汁を加え、ひと煮立ちさせる。

4　1のゆで汁大さじ3を加え、煮立たせながらなじませる。湯をきったパスタを加えてからめ、Cを加えてさっと混ぜ、黒しょうをふる。

炒　フンギはイタリア語できのこ。きのこのうま味に生クリームを加えたリッチなソースがよくからむよう、うずまき状のショートパスタを合わせました。

ブロッコリーとアンチョビの
ショートパスタ

材料　2人分

ショートパスタ　120g

ブロッコリー　1/2個

玉ねぎ　1/2個

A ┃ アンチョビフィレ (みじん切り)
　┃ 4切れ分
　┃ にんにく (みじん切り)　1片分

白ワイン　大さじ2

塩　小さじ1/4

オリーブオイル　大さじ1

パルミジャーノ・レッジャーノ (削る)　20g

粗びき黒こしょう　少々

1　パスタは塩適量 (分量外) を加えた湯で袋の表示通りにゆでる。ゆで汁はとっておく。

2　ブロッコリーは1.5cm角に切り、玉ねぎは粗みじん切りにする。

3　フライパンにオリーブオイルとAを入れて中火で熱し、香りが立ったら2を加え、玉ねぎが透き通るまで炒め、白ワインを加えてひと煮立ちさせる。

4　1のゆで汁80mlを加えてひと煮立ちさせ、ふたをして弱めの中火で約8分煮る。

5　中火に戻し、湯をきったパスタと塩を加えてからめる。器に盛り、パルミジャーノと黒こしょうをふる。

炒　フジッリというらせん状のショートパスタに、アンチョビの風味をきかせたソースがよくなじみます。ブロッコリーは生のまま小さく切って炒め、野菜のおいしさを引き出します。

アスパラとゴルゴンゾーラのニョッキ

材料 2人分

ニョッキ　100g
グリーンアスパラ　4本
ゴルゴンゾーラ　70g
にんにく（つぶす）　1片分
白ワイン　1/4カップ
オリーブオイル　大さじ1
黒粒こしょう（粗く刻む）　8粒分

1　アスパラは根元のかたい部分の皮をむき、2cm幅に切る。

2　フライパンにオリーブオイルとにんにくを入れて中火で熱し、香りが立ったら1を加えてさっと炒める。

3　ゴルゴンゾーラをちぎって加え、白ワインも加えてチーズを溶かしながら煮立たせる。

4　ニョッキは塩適量（分量外）を加えた湯で袋の表示通りにゆでる。

5　3に湯をきった4を加えてからめ、器に盛り、黒こしょうを散らす。

炒　ニョッキは小麦粉にじゃがいもなどを加えて作るパスタのひとつ。もちっとした食感が特徴です。青かびの独特な風味を持つ、ゴルゴンゾーラのソースをよくからめていただきます。

ズッパ・ディ・ペッシェのニョッキ

材料　2人分

ニョッキ　100g

めばる（またはすずき、鯛など）　1尾

ムール貝　6個

玉ねぎ　1/2個

にんにく（つぶす）　1片分

A ┃ タイム　5本
　┃ 白ワイン　1/4カップ
　┃ 水　1/2カップ

塩　小さじ1

粗びき黒こしょう　少々

オリーブオイル　大さじ1

1　めばるは内臓やうろこをとり、塩小さじ1/3をふって15分おき、キッチンペーパーで水けをふく。ムール貝は殻の汚れを取り除く。玉ねぎは縦に薄切りにする。

2　フライパンにオリーブオイルとにんにくを入れて中火で熱し、香りが立ったら玉ねぎを加えて透き通るまで炒め、1の魚介とAを加えてひと煮立ちさせ、ふたをして弱めの中火で約10分蒸し煮にする。

3　ニョッキは塩適量（分量外）を加えた湯で袋の表示通りにゆでる。

4　2を中火に戻し、湯をきった3を加えてひと煮立ちさせ、塩小さじ2/3と黒こしょうをふる。

魚介のスープという意味のイタリア料理にニョッキを合わせました。うま味の詰まったスープを吸ったニョッキは格別のおいしさです。野菜は玉ねぎのほかにセロリやプチトマトを加えても。

かぼちゃと
トマトの
ズッパパスタ

材料 2人分

スパゲッティ（1.7mm） 120g
かぼちゃ 150g
プチトマト 8個
玉ねぎ 1/2個
ケイパー（塩漬け） 大さじ1
にんにく（薄切り） 1片分

A | 白ワイン 大さじ2
  | 水 2カップ

塩 小さじ1/3
オリーブオイル 大さじ1
粗びき黒こしょう 少々

1 スパゲッティは5cm長さに切り、塩適量（分量外）を加えた湯で袋の表示通りにゆでて湯をきる。

2 かぼちゃはところどころ皮をむき、3cm角に切る。プチトマトは半分に、玉ねぎは1cm四方に切る。ケイパーはさっと水洗いし、粗く刻む。

3 鍋にオリーブオイルとにんにくを入れて中火で熱し、香りが立ったら玉ねぎとケイパーを加え、玉ねぎが透き通るまで炒める。

4 かぼちゃ、プチトマト、Aを加え、ひと煮立ちさせてアクをとり、ふたをして弱火で約7分煮る。

5 1と塩を加えてひと煮立ちさせ、器に盛り、黒こしょうをふる。

汁 かぼちゃと玉ねぎの甘み、トマトの酸味が溶け合ったスープは絶品。塩漬けのケイパーがさらに味を深めてくれます。パスタも具材のひとつで、栄養満点の具だくさんスープです。

あさりのリゾーニ

材料 2人分

リゾーニ　1/2カップ

あさり（砂抜き済み）　200g

枝豆（ゆでたもの）　80g

玉ねぎ　1/2個

にんにく（みじん切り）　1片分

ローズマリー　2枝

A ｜ 白ワイン　大さじ2
　｜ 水　2と1/4〜2と1/2カップ

塩　小さじ1/3

粗びき黒こしょう　少々

オリーブオイル　大さじ1

1　あさりは殻をこすり合わせてよく洗う。枝豆はさやから実を取り出し、玉ねぎはみじん切りにする。

2　鍋にオリーブオイルとにんにくを入れて中火で熱し、香りが立ったら玉ねぎとローズマリーを加え、玉ねぎが透き通るまで炒める。

3　リゾーニを加えて炒め、油がなじんだらあさり、枝豆、Aを加え、混ぜながらひと煮立ちさせ、約3分煮る。

4　ふたをして弱火で約3分煮て、あさりの口が開いたら塩、黒こしょうを加える。

汁　お米のかわりにリゾーニという米粒状のパスタを使う、リゾットのような料理です。お米より軽い食感で、さらっと食べられます。あさりのエキスを吸ったリゾーニは絶妙なおいしさです。

ラザニア

材料 2人分

ラザニア　6枚
なす　3本
玉ねぎ　1/2個
生ハム　70g
パッサータ（市販品）　1カップ
にんにく（薄切り）　1片分
モッツァレラチーズ　200g
塩　小さじ1/2
粗びき黒こしょう　適量

A
| バター　20g
| 薄力粉　大さじ2
| 牛乳　1カップ

オリーブオイル　大さじ2

1　ホワイトソースを作る。鍋にAのバターを入れて弱めの中火で溶かし、ふるった薄力粉を加えてよくなじませる。牛乳を少しずつ加え、とろみがつくまでヘラで混ぜ、塩小さじ1/4を加えて混ぜる。

2　なすはヘタをとり、縦に7〜8mm幅に切り、水にさっとさらして水けをきる。玉ねぎは縦に薄切りにする。

3　ラザニアはオリーブオイル大さじ1と塩適量（分量外）を加えた湯で袋の表示通りにゆでて湯をきる。

4　フライパンに残りのオリーブオイルとにんにくを中火で熱し、香りが立ったら2を加え、全体がしんなりするまで炒め、塩小さじ1/4と黒こしょう少々をふる。

5　耐熱皿に4、生ハム、3、パッサータ、1、1cm幅に切ったモッツァレラを順に半量ずつのせ、同様にもう一度重ねる。

6　全体にオリーブオイル小さじ2（分量外）を塗り、220℃に温めたオーブンで約12分焼き、黒こしょう少々をふる。

味のアクセント

生ハム・パッサータ

強い塩けと深いうま味のある生ハムと、濃縮したトマトのピューレ・パッサータを使ってミートソースのかわりにしました。

POINT

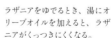

ラザニアをゆでるとき、湯にオリーブオイルを加えると、ラザニアがくっつきにくくなる。

ラザニアの上にソース類を重ねると、ラザニアにしっかり味がなじむ。

お

ラザニアは板状のパスタとソースやチーズを重ねて焼く料理。炒めたなすと玉ねぎ、ソースとパスタ、チーズが一体になったおいしさは抜群です。焼き時間はガスオーブンの場合の目安です。

キャベツたっぷりマカロニサラダ

材料　2人分

マカロニ　130g
キャベツ　1/3個
玉ねぎ　1/2個
塩　小さじ1/4

A ┃ マヨネーズ　大さじ2
　 ┃ ヨーグルト　大さじ1
　 ┃ 塩　小さじ1/4

粗びき黒こしょう　少々

1　マカロニは塩適量（分量外）を加えた湯で袋の表示通りにゆで、さっと水にさらして水けをよくきり、キッチンペーパーで軽く押さえる。

2　キャベツはせん切りにし、玉ねぎは縦に薄切りにする。塩をふってもみ、しんなりしたら水分をぎゅっと絞る。

3　Aを合わせ、1と2を加えてあえる。器に盛り、黒こしょうをふる。

お　キャベツが主役のマカロニサラダは、ヨーグルトがきいたさわやかな味。キャベツと玉ねぎを塩もみすることでマヨネーズの量を少なめにして、やさしい味に仕上げています。

サーモンとパセリの
ショートパスタサラダ

材料　2人分

ショートパスタ　130g
スモークサーモン　80g
玉ねぎ　1/3個

A ｜ レモン汁　大さじ1
　　｜ 塩　小さじ2/3

B ｜ パセリ（みじん切り）・オリーブオイル
　　｜ 　各大さじ2
　　｜ 粗びき黒こしょう　少々

1　パスタは塩適量（分量外）を加えた湯で袋の表示通りにゆで、さっと水にさらして水けをよくきり、キッチンペーパーで軽く押さえる。

2　玉ねぎは縦に薄切りにし、水に5分さらしてざるに上げ、キッチンペーパーで水けをとる。サーモンは食べやすい大きさに切る。

3　1、2、Aを合わせてあえ、Bを加えてさっと混ぜる。

お　スモークサーモンにほろ苦いパセリをたっぷり加えた、大人味のパスタサラダ。ショートパスタは好みのものでよいですが、軽い食感のフジッリがよく合います。

ハーブとナッツのクスクス

材料 2人分

クスクス 1/2カップ

A | 塩 ひとつまみ
  | オリーブオイル 大さじ1
  | 熱湯 1/2カップ

紫玉ねぎ 1/3個

ローストアーモンド 12粒

B | にんにく (みじん切り) 1片分
  | レモン汁・ナンプラー
  | 各大さじ1

C | バジルの葉・ディル (ともにざく切り)
  | 各20g
  | オリーブオイル 大さじ2

粗びき黒こしょう 少々

ミント 3g

1 クスクスはAを加えて混ぜ、アルミホイルをかぶせて約10分おく。

2 紫玉ねぎはみじん切りにし、水に3分さらしてざるに上げ、キッチンペーパーで水けをとる。アーモンドは粗く刻む。

3 1に2とBを加えて混ぜ、Cを加えてさっとあえる。

4 器に盛り、黒こしょうをふり、ミントを添える。

お 世界最小のパスタといわれるクスクスを使った、フランスのタブレ風サラダ。ハーブとレモンのさわやかな味わいで、アーモンドの食感と香ばしさが絶妙！

ビーツスープのクスクス

材料　2人分

クスクス　1/2カップ

A
| 塩　ひとつまみ
| オリーブオイル　大さじ1
| 熱湯　1/2カップ

B
| ビーツ(2cm角に切る)　150g
| 玉ねぎ(1cm四方に切る)　1/2個分
| セロリ(1cm角に切る)　1/3本分

C
| 白ワイン　1/4カップ
| 水　2カップ

にんにく(つぶす)　1片分

塩　小さじ1

卵　2個

オリーブオイル　小さじ2

セルフィーユ(あれば)　適量

粗びき黒こしょう　少々

1　クスクスはAを加えて混ぜ、アルミホイルをかぶせて約10分おく。

2　鍋にオリーブオイルとにんにくを入れて中火で熱し、香りが立ったらBを加え、全体が透き通るまで炒める。

3　Cを加え、ひと煮立ちさせてアクをとり、ふたをして弱火で約12分煮て塩を加える。

4　卵は酢小さじ2(分量外)を加えた湯に割り入れ、約1分半ゆでて湯をきる。

5　器に1と3を盛り、4をのせ、あればセルフィーユを添え、黒こしょうをふる。

お　具だくさんスープにクスクスを合わせれば、ひと皿でごちそうに。ここでは色のきれいなビーツスープと合わせました。卵をサワークリームにしてもOK。

中華麺のゆで方

中華麺の生麺と乾麺のゆで方をご紹介します。
本書のレシピで麺をゆでるときにご参照ください。

column

〈中華麺（生麺）〉 | 〈中華麺（乾麺）〉

❶ 鍋にたっぷりの湯を沸かし（麺2玉なら目安は約2ℓ）、麺をほぐしながら入れ、再沸騰させる。

❷ 菜箸で軽くほぐしながら袋の表示通りにゆでる（ふきこぼれないように火加減を調節する）。

❸ ゆで上がったらすぐにざるに上げて湯をきる。温かいあえ麺や汁麺、つけ麺の場合はこのまま使う。

❹ 冷たいあえ麺の場合は、冷水にさらしながらぬめりをとってしめ、しっかりと水けをきる。

❶ 鍋にたっぷりの湯を沸かし（麺2玉なら目安は約2ℓ）、麺を入れる。

❷ 再沸騰し、麺が軽くほぐれてくるまで少しおく。

❸ 菜箸でほぐしながら袋の表示通りにゆでる（ふきこぼれないように火加減を調節する）。

❹ ゆで上がったらすぐにざるに上げて湯をきる。

chapter 3 |

中華麺

Chinese Style Noodle

いつものラーメンや焼きそばとひと味違う
おいしさ際立つ具だくさんヌードル。
食卓の定番にしたい中華の麺料理23品です。

ザーサイとねぎのラーメン

材料　2人分

中華麺（生麺）　**2玉**

ザーサイ（塩漬け）　**30g**

しょうが（せん切り）　**1かけ分**

しょうゆ　大さじ1

A
| 豚ひき肉・鶏ひき肉　各大さじ2
| 長ねぎ（青い部分）　15cmを4〜5本
| しょうが（皮つきのまま薄切り）
| 　1かけ分
| 酒　大さじ2
| 水　3カップ

細ねぎ（小口切り）　**3本分**

1　鍋にAを入れて中火にかけ、煮立ったら弱火で約15分煮てざるでこし、スープを作る。

2　ザーサイは薄切りにし、水に10分さらして水けをきり、細切りにする。

3　鍋に1、2、しょうがを入れて中火にかけ、煮立ったらしょうゆを加える。

4　中華麺は袋の表示通りにゆでて湯をきる。

5　器に盛り、3をかけ、細ねぎを散らす。

味のアクセント

ザーサイ

ふくらんだ茎が特徴的な中国野菜の漬け物。特有のコリコリとした食感も、おいしさのアクセントになります。

POINT

2種類のひき肉、しょうが、長ねぎの青い部分を水から煮込んでスープをとる。

ザーサイの塩漬けは、薄切りにして水につけ、塩抜きしてから細切りにする。

汁

豚と鶏のひき肉と香味野菜を煮出したスープは、雑味のないまろやかな味。手軽に作れる自家製スープは格別なおいしさです。ザーサイから出ただしが、さらに味を深めてくれます。

セロリとえびの汁麺

材料　2人分

中華麺（生麺）　**2玉**

えび（ブラックタイガーなど）　**8～10尾**

片栗粉　大さじ2

セロリ　1/2本

セロリの葉　4枚

しょうが（せん切り）　**1かけ分**

A｜**だし汁**（→P5）　**3カップ**
　｜**酒　大さじ2**

ナンプラー　大さじ2

ごま油　小さじ1

白いりごま　小さじ2

1　えびは背に切り目を入れ、殻、尾、背ワタをとり、片栗粉をまぶしてもみ、流水で洗う。

2　セロリは筋をとって斜め薄切りにし、セロリの葉は細切りにする。

3　鍋にセロリ、しょうが、Aを入れて中火にかける。煮立ったらナンプラー、セロリの葉、1を加え、弱めの中火で約3分煮て、ごま油を加える。

4　中華麺は袋の表示通りにゆでて湯をきる。

5　器に盛り、3をかけ、白ごまをふる。

　上品ですっきりとしたラーメン。スープのベースは和風のだし汁で、セロリとえびから出るうま味、香ばしいごま油の風味が加わって、深い味わいのスープになります。

ひき肉ともやしの煮込み麺

材料 2人分

中華麺（生麺）　2玉

鶏ひき肉　150g

もやし（ひげ根をとる）　1/2袋

しめじ　50g

A │ にんにく（みじん切り）　1片分
　 │ しょうが（みじん切り）　1かけ分

B │ 酒　大さじ2
　 │ 水　2カップ

C │ 甜麺醤・しょうゆ　各大さじ2
　 │ 塩　小さじ1/4

ごま油　小さじ2

長ねぎ（粗みじん切り）　1/3本分

白すりごま　小さじ2

1　鍋にごま油とAを入れて中火で熱し、香りが立ったらひき肉を加え、色が変わるまで炒める。

2　石づきを切り落としてほぐしたしめじとBを加え、ひと煮立ちさせてアクをとり、Cを加えて味を調える。

3　中華麺は袋の表示通りにゆでて湯をきる。2に加えて約1分半煮込み、もやしを加えてひと煮立ちさせる。

4　器に盛り、長ねぎを散らし、白ごまをふる。

汁　中華料理の甘いみそ・甜麺醤（テンメンジャン）で味をつけた、コクのある具だくさんスープで麺を煮込みます。もやしは食感のアクセント。最後に加えてさっと火を通して。

担々麺
<ruby>担<rt>タン</rt></ruby> <ruby>々<rt></rt></ruby> <ruby>麺<rt>タン</rt></ruby>

材料　2人分

中華麺（生麺）　**2玉**
豚ひき肉　150g
長ねぎ（みじん切り）　**1/3本分**

A ┤ にんにく（みじん切り）　1片分
　　しょうが（みじん切り）　1かけ分

B ┤ 酒　大さじ2
　　水　2カップ

C ┤ 白練りごま　大さじ4
　　しょうゆ　大さじ2
　　塩　小さじ1/4

豆苗　1/2袋
ごま油　小さじ2
半熟ゆで卵（半分に切る）　**2個**
黒いりごま　小さじ1

1　鍋にごま油とAを入れて中火で熱し、香りが立ったらひき肉と長ねぎを加え、肉の色が変わるまで炒める。

2　Bを加え、ひと煮立ちさせてアクをとり、Cを加えてなじませる。根を切り落とした豆苗を加え、ひと煮立ちさせる。

3　中華麺は袋の表示通りにゆでて湯をきる。

4　器に盛り、2をかけ、ゆで卵をのせ、黒ごまをふる。

汁　辛みのない担々麺は、子どもでも食べられるまろやかな味。ごま油で炒めたひき肉と練りごまの力で香ばしくこっくりとしたスープが麺によくからみます。

麻辣つけ麺

マーラー

材料 2人分

中華麺（生麺）　**2玉**

豚バラ薄切り肉　**150g**

玉ねぎ　**1/2個**

A
| 花椒　小さじ2 |
| にんにく（みじん切り）　1片分 |
| しょうが（みじん切り）　1かけ分 |

B
| 酒　大さじ2 |
| 水　2カップ |

C
| しょうゆ　大さじ2 |
| ラー油　小さじ1 |
| 塩　小さじ1/4 |

ごま油　**小さじ1**

香菜（ざく切り）　**7本分**

1　豚肉は3cm幅に切り、玉ねぎは縦に薄切りにする。

2　鍋にごま油とAを入れて中火で熱し、香りが立ったら1を加え、玉ねぎが透き通るまで炒める。

3　Bを加え、ひと煮立ちさせてアクをとり、Cを加える。

4　中華麺は袋の表示通りにゆでて湯をきり、器に盛る。

5　3を碗に盛り、香菜をのせ、4をつけて食べる。

豚バラのうまみと花椒（ホアジャオ）の爽快な辛さが一体になったスープに、麺をつけて。花椒はごま油で炒めて風味を引き出しますが、焦がさないように要注意です。

切り干し大根とねぎの
ごま塩焼きそば

材料　2人分

焼きそば麺　2玉
切り干し大根　30g
長ねぎ　1/2本
しょうが (せん切り)　1かけ分
酒　大さじ1
塩　小さじ2/3
青じそ　6枚
ごま油　大さじ1
黒いりごま　小さじ2

1　切り干し大根はひたひたの水に6分ひたしてもどし、軽く絞る。もどし汁はとっておく。長ねぎは5cm長さに切り、縦に4等分に切る。

2　フライパンにごま油を中火で熱し、しょうがを入れ、香りが立ったら切り干し大根と長ねぎを加えてさっと炒める。

3　酒と1のもどし汁を加えてひと煮立ちさせ、麺を加えてふたをし、弱火で約1分蒸し炒めをし、麺をほぐしながら炒め合わせる。

4　汁けがなくなり全体がなじんだら、塩とせん切りにした青じそを加えてさっと炒め合わせる。

5　器に盛り、黒ごまをふる。

味のアクセント

切り干し大根

細く切った大根を干したもの。煮物や酢の物がポピュラーですが、ここでは麺と合わせて食感と風味のアクセントにしました。

POINT

切り干し大根は、うま味の詰まったもどし汁も使用するので、通常より少ない水でもどす。

麺は一度、具材の上で蒸し炒めをして味をなじませ、ほぐしやすくする。

 炒

切り干し大根でかさ増しするので、麺の量を減らしても満足できるヘルシーな焼きそばです。2つの食感の一体感を楽しめるように、切り干し大根と麺をよくなじませます。

鶏肉の五香粉炒め麺

ウー シャン フェン

材料　2人分

焼きそば麺　2玉
鶏もも肉　200g
玉ねぎ　1/2個
小松菜　1/2束
しょうが（せん切り）　1かけ分
A ┃ 五香粉　小さじ2/3
　 ┃ オイスターソース　大さじ2
　 ┃ 酒　大さじ2
しょうゆ　小さじ1
ごま油　大さじ1
白いりごま　小さじ2

1　鶏肉は好みで皮をとり、2cm幅に切る。玉ねぎは縦に薄切りにし、小松菜は5cm長さに切る。

2　フライパンにごま油を中火で熱し、しょうがを入れる。香りが立ったら鶏肉を加え、焼き目がつくまで炒める。

3　玉ねぎを加えて透き通るまで炒め、Aを加えてからめる。

4　麺と小松菜を加え、ふたをして弱火で約1分蒸し炒めをし、しょうゆを加えて麺をほぐしながらさっと炒め合わせる。器に盛り、白ごまをふり、好みで五香粉少々（分量外）をふる。

大きめに切った具材にオイスターソースでしっかりと味をつけて、食べごたえのある炒め麺に。八角などが入った中国の香辛料・五香粉の独特の香りが食欲をそそります。

五目あんかけ焼きそば

材料　2人分

焼きそば麺　2玉
豚ロース薄切り肉　150g
片栗粉　大さじ2と1/2
長ねぎ　1/2本
にんじん　1/2本
たけのこ（水煮）　100g
しょうが（せん切り）　1かけ分
うずら卵（ゆでたもの）　10個
A｜酒・みりん　各大さじ1
　｜水　1/2カップ
B｜しょうゆ　大さじ1
　｜塩　小さじ1/4
ごま油　大さじ2

1　豚肉は4cm幅に切り、片栗粉をまぶす。

2　長ねぎは斜め薄切り、にんじんは5mm厚さの短冊切りにし、たけのこは放射状に5mm幅に切る。

3　フライパンにごま油大さじ1を中火で熱し、しょうがを入れる。香りが立ったら1を加え、色が変わるまで炒める。2を加えてしんなりするまで炒め、Aを加えてひと煮立ちさせ、アクをとる。うずら卵とBを加え、とろみがつくまで2〜3分煮る。

4　別のフライパンに残りのごま油を中火で熱し、ほぐした麺を加え、両面に焼き目がつくまで焼く。器に盛り、3をかける。

豚肉とたっぷり野菜のあんかけは、麺との相性も栄養バランスも抜群。豚肉に片栗粉をまぶして焼くと失敗がなく、ほどよいとろみがつきます。

キムチ焼きそば

材料　2人分

焼きそば麺　2玉
白菜キムチ　70g
豚バラ薄切り肉　150g
玉ねぎ　1/2個
酒　大さじ1
しょうゆ　小さじ1
ごま油　小さじ1
細ねぎ（斜め切り）　3本分
焼きのり　適量

1　キムチは粗く刻む。豚肉は4cm幅に切る。玉ねぎは縦に薄切りにする。

2　フライパンにごま油を中火で熱し、豚肉と玉ねぎを入れて肉に焼き目がつくまで炒め、キムチを加えて炒め合わせる。

3　麺を加えて酒をまわし入れ、ふたをして弱火で約1分蒸し炒めをし、しょうゆを加えて麺をほぐしながらさっと炒め合わせる。

4　器に盛り、細ねぎを散らし、のりを添える。

人気おかずの豚キムチ炒めを焼きそばにアレンジ。ごま油で炒めたキムチは香ばしく、麺とよく合います。食べるときに焼きのりをちぎってあえるのが、おいしさアップのカギです。

海鮮ビーフン

材料 2人分

ビーフン　100g
いか（胴）　1ぱい分
えび（ブラックタイガーなど）　8尾
片栗粉　大さじ2
あさり（砂抜き済み）　200g
玉ねぎ　1/2個
キャベツ　120g
いんげん　8本
しょうが（せん切り）　1かけ分

A　酒　大さじ2
　　水　80㎖
B　しょうゆ　小さじ1
　　塩　小さじ1/2

ごま油　大さじ1
糸唐辛子　少々

1　いかは1cm幅の筒切りにする。えびは殻と背ワタをとり、片栗粉をまぶしてもみ、流水で洗う。

2　あさりは殻をこすり合わせてよく洗う。

3　玉ねぎは縦に薄切りにし、キャベツは1cm幅に切る。いんげんは端を切り落とし、斜め切りにする。

4　ビーフンはぬるま湯にさっとひたし、ざるに上げる。

5　フライパンにごま油の半量を中火で熱し、しょうがを入れる。香りが立ったら3を加えて炒め、全体がしんなりしたら、2、A、4を加えてひと煮立ちさせる。

6　1を加え、ふたをして弱めの中火で約2分蒸し炒めをし、Bを加えて汁けがなくなるまで炒め、残りのごま油をまわしかける。器に盛り、糸唐辛子を散らす。

　具材たっぷりのごちそうビーフン。ビーフンはもどしすぎず、あさりのうま味が出た汁を吸わせながら炒めます。いかとえびは最後に加えてやわらかく仕上げて。

豚バラといんげんの豆豉麺

材料　2人分

中華麺 (生麺)　2玉
豚バラ薄切り肉　150g
いんげん　8本
A　豆豉 (粗く刻む)　大さじ1と1/2
　　にんにく (みじん切り)　1片分
　　紹興酒 (または酒)　大さじ2
B　黒酢　大さじ1
　　しょうゆ　大さじ1
ごま油　小さじ1

1　豚肉は1cm幅に切る。いんげんは端を切り落とし、斜め切りにする。

2　フライパンにごま油とAを入れて中火で熱し、香りが立ったら1を加え、豚肉に焼き目がつくまで炒める。Bを加え、汁けがなくなるまで炒める。

3　中華麺は袋の表示通りにゆでて湯をきる。

4　器に盛り、2をかける。

味のアクセント

豆豉

大豆を発酵させた中国の食材。発酵食品ならではの特有の風味と強い塩けがあり、麺とよく合うコクのある炒め物になります。

POINT

豚肉は、いんげんに合わせて細く切ると、具と麺がなじみやすくなる。

豆豉は粗く刻み、にんにくと一緒に炒めて、特有の風味を引き出す。

 あ

豆豉の独特の風味とにんにくの香り、豚バラのうま味は、食欲をそそる最強の組み合わせ。ごはんにもよく合う味ですが、ここでは麺にどっさりとかけて、よくあえていただきます。

棒々鶏混ぜ麺
（バン バン ジー）

材料　2人分

中華麺 (生麺)　2玉

鶏ささみ　4本

酒　大さじ1

きゅうり　1本

トマト　1個

A │ 白練りごま　大さじ4
　│ 黒酢・しょうゆ　各大さじ2
　│ 塩　小さじ1/4

白いりごま　小さじ2

ラー油　少々

1　ささみは筋をとり、酒を加えた湯で約1分半ゆでて火を止め、そのまま冷まし、食べやすい大きさに裂く。

2　きゅうりは長さを半分に切り、縦に薄切りにする。トマトは半分に切り、縦に7〜8mm厚さに切る。

3　中華麺は袋の表示通りにゆで、冷水でしめて水けをよくきる。

4　器に盛り、1と2をのせ、合わせたAをかける。白ごまをふり、好みでラー油をまわしかける。

あ

棒々鶏は日本の食卓でもおなじみの中華料理。ゆでた鶏ささみを食べやすく裂き、薄く切ったきゅうりとトマトを加えて、麺によくなじむようにアレンジしました。

にらだれ麺

材料　2人分

中華麺（生麺）　2玉

にら　1束

アキアミえび（乾燥）　大さじ1

にんにく（みじん切り）　1片分

しょうが（みじん切り）　1かけ分

A
｜ 紹興酒（または酒）・しょうゆ
｜ 　各大さじ2
｜ 黒酢・ごま油　各大さじ1
｜ 塩　ひとつまみ

粗びき赤唐辛子　少々

1　にらは3mm幅に刻む。

2　鍋にアキアミえび、にんにく、しょうが、Aを入れて中火にかける。ひと煮立ちさせ、熱いうちに1に加えて混ぜる。

3　中華麺は袋の表示通りにゆでて湯をきる。

4　器に盛り、2をかけ、好みで赤唐辛子をふる。

あ 細かく刻んだにらに、香りのよい中国の調味料と香ばしい乾燥えび、香味野菜を合わせたにらだれは、一度食べたら忘れられない味。ちょっとお腹がすいたときの軽食にもおすすめです。

天津麺
テン　シン

材料　2人分

中華麺（生麺）　**2玉**
ずわいがに缶　小1缶（80g）
長ねぎ　1/3本
卵　4個
A ┃ **しょうが**（みじん切り）　**1かけ分**
　 ┃ **酒　大さじ1**
　 ┃ **しょうゆ　小さじ2**
B ┃ **しょうゆ・黒酢・みりん・**
　 ┃ 　**酒・片栗粉　各大さじ1**
ごま油　大さじ2

1　ずわいがには身をほぐし、缶汁大さじ1をとっておく。長ねぎは斜め薄切りにする。

2　ボウルに卵を割り入れ、1とAを加えて混ぜる。

3　フライパンにごま油を中火で熱し、2を入れてかき混ぜる。半熟状になったら全面に広げて約2分焼く。裏返し、焼き目がつくまで弱火で3～4分焼く。

4　小鍋にBを入れて弱めの中火にかけ、ひと煮立ちさせ、とろみがつくまで混ぜながら煮る。

5　中華麺は袋の表示通りにゆでて湯をきる。器に盛り、3をのせて4をかける。

 かにの缶汁で風味をつけて焼き、甘酸っぱいたれのかかったかに玉は、それだけでもおいしいですが、ざくざくとくずしながら麺と一緒に食べるとおいしさ倍増です。

ひき肉の台湾混ぜ麺

材料　2人分

中華麺 (乾麺)　2玉
豚ひき肉　150g
卵　2個
チンゲン菜　2株
しょうが (みじん切り)　1かけ分
A ┃ 八角　1個
　 ┃ しょうゆ　大さじ1と1/2
　 ┃ みりん　大さじ2
ごま油　小さじ2

1　フライパンにごま油少々 (分量外) を中火で熱し、卵を割り入れ、半熟の目玉焼きにして取り出す。

2　1のフライパンにごま油を中火で熱し、しょうがを入れ、香りが立ったらひき肉を加えてさっと炒める。Aを加え、汁けがなくなるまで炒める。

3　チンゲン菜は縦横に半分に切り、沸かした湯で約30秒ゆでてざるに上げる。

4　3の湯で中華麺を袋の表示通りにゆでて湯をきる。

5　器に盛り、1、2、3をのせる。

あ　台湾の屋台にありそうな混ぜ麺。半熟の目玉焼きをつぶし、八角の香りのするひき肉と一緒に、麺によく混ぜていただきます。乾麺でちょっとジャンクな味にするのがオツ。

豚肉ときゅうりの塩ごま麺

材料 2人分

中華麺（生麺） 2玉
豚バラ焼き肉用肉 8枚
きゅうり 2本
塩 小さじ1/3
　 黒酢 大さじ2
A　ナンプラー 小さじ2
　 ごま油 大さじ1
ごま油 少々
黒いりごま 小さじ2

1 きゅうりは2mm厚さの輪切りにし、塩をふってもみ、しんなりしたら水分をぎゅっと絞る。

2 フライパンにごま油を中火で熱し、豚肉を入れ、キッチンペーパーで脂をとりながら、両面がカリッとするまで焼く。

3 中華麺は袋の表示通りにゆで、冷水でしめて水けをよくきる。

4 器に盛り、1と2をのせ、合わせたAをまわしかけ、黒ごまをふる。

 カリッと焼いた焼き肉用の豚バラ肉を、中華麺にのせたボリュームのあるあえ麺。塩もみのきゅうりが豚肉の脂をさっぱりさせてくれる、バランスのよい組み合わせです。

ピータンと香菜の混ぜ麺
シャンツァイ

材料 2人分

中華麺（生麺） 2玉

ピータン 2個

香菜 7本

しょうが（せん切り） 1かけ分

A
てん菜糖（または上白糖） 小さじ1
しょうゆ 大さじ1と1/2
黒酢・ごま油 各大さじ1
白いりごま 小さじ2

1 ピータンは殻をむき、2cm角に切る。香菜は2cm長さに切る。

2 1、しょうが、Aを合わせてあえる。

3 中華麺は袋の表示通りにゆで、冷水でしめて水けをよくきる。

4 器に盛り、2をのせ、麺とあえながら食べる。

あ ピータンと香菜のサラダを麺と合わせました。濃厚な味とねっとりとした食感のピータンと爽快感のある香菜のバランスがよく、黒酢のやさしい酸味も手伝って箸がすすむ一品です。

牛肉と豆苗のコチュジャン麺

材料　2人分

中華麺（乾麺）　2玉
牛ももしゃぶしゃぶ用肉　120g
酒　大さじ1
豆苗　1/2袋

A
コチュジャン　小さじ1
おろしにんにく　1/2片分
黒酢　大さじ1/2
しょうゆ　大さじ1と1/2
ごま油　小さじ2

1　豆苗は根を切り落とし、長さを半分に切る。牛肉は酒を加えた湯で肉の色が変わるまでゆで、ざるに上げる。

2　Aを合わせて混ぜ、牛肉が温かいうちに1を加えてあえる。

3　中華麺は袋の表示通りにゆでて湯をきる。

4　器に盛り、2をのせる。

黒酢のきいたピリ辛だれがよくからんだ牛肉は、やわらかで食べごたえも満点。がっつり食べたいときにおすすめのあえ麺です。余熱でちょっとしんなりした豆苗の食感も絶妙。

九条ねぎと豚肉の黒酢麺

材料　2人分

中華麺（生麺）　2玉
豚ロースしゃぶしゃぶ用肉　120g
酒　大さじ1
九条ねぎ　4本

A
黒酢・しょうゆ・ごま油
　　各大さじ1
オイスターソース　小さじ1
白いりごま　小さじ2

1　九条ねぎはごく細い斜め切りにし、水に3分さらし、水けをよくきる。

2　豚肉は酒を加えた湯で肉の色が変わるまでゆで、ざるに上げる。温かいうちに合わせたAの半量を加えてあえる。

3　中華麺は袋の表示通りにゆで、冷水でしめて水けをよくきり、1をさっと合わせる。

4　器に盛り、2をのせ、残りのAをかける。

 香り高くまろやかな酸味の黒酢がきいたたれは、オイスターソースがアクセント。豚肉は温かいうちにあえてしっかり味をつけます。九条ねぎが、豚の脂をさっぱりさせてくれます。

鶏肉とレモンの冷やし中華

材料　2人分

中華麺（生麺）　**2玉**

鶏もも肉　**200g**

レモン（半月切り）　**8枚**

きゅうり　**1本**

もやし（ひげ根をとる）　**1/2袋**

A ┌ 酒　大さじ1
　├ 塩　小さじ1/4
　└ 水　1/2カップ

B ┌ レモン汁・しょうゆ
　│　　各大さじ2
　├ 塩　ひとつまみ
　└ ごま油　小さじ2

黒いりごま　**少々**

1　鶏肉は厚い部分に切り目を入れ、開いて均一にし、皮目を下にしてフライパンに入れ、Aを加えて中火にかける。煮立ったら裏返し、ふたをして弱火で7分蒸し煮にし、そのまま冷ます。蒸し汁はとっておく。

2　きゅうりは長さを3等分し、縦に薄切りにする。もやしは沸かした湯で約30秒ゆでてざるに上げ、あら熱をとる。1の鶏肉は食べやすい厚さに切る。

3　2の湯で中華麺を袋の表示通りにゆで、冷水でしめて水けをよくきる。器に盛り、2とレモンをのせる。

4　Bに1の蒸し汁大さじ1を加えてよく混ぜ、3にかけ、黒ごまをふる。

 レモン汁入りのたれをかけた、さわやかな冷やし中華。具はハムや焼き豚が定番ですが、蒸し鶏にするとボリュームが出ます。シャキシャキのもやしも絶妙です。

ほたてとかぶの青じそ冷やし麺

材料　2人分

中華麺（生麺）　**2玉**

ほたて（刺身用）　**8個**

かぶ　**2個**

塩　小さじ1/4

青じそ　**8枚**

A ┌ **ナンプラー**　大さじ1
　├ **レモン汁**　大さじ1
　└ **ごま油**　小さじ2

長ねぎ（白い部分）　**7cm**

1　かぶは縦半分にして縦に薄切りにし、塩をふってもみ、しんなりしたら水分をぎゅっと絞る。

2　青じそはみじん切りにし、Aと合わせて混ぜる。

3　ほたては2〜3等分のそぎ切りにする。1、2と合わせ、さっとあえる。

4　長ねぎは薄皮をとってせん切りにし、水にさらして水けをきる（白髪ねぎ）。

5　中華麺は袋の表示通りにゆで、冷水でしめて水けをよくきる。

6　器に盛り、3と4をのせる。

ほたてをたっぷり使った冷やし中華のアレンジメニュー。青じそ入りのあえだれがさわやかで、塩もみしたかぶのおいしさも引き立ちます。きゅっとしめた冷たい麺にぴったり。

そばめし炒飯

材料　2人分

焼きそば麺　1玉
ごはん　茶碗1杯分
豚ロース薄切り肉　120g
キャベツ　100g
もやし（ひげ根をとる）　1/2袋
A
　酒　大さじ1
　ウスターソース　大さじ1と1/2
　中濃ソース　大さじ1
塩・青のり　各少々
ごま油　小さじ2
紅しょうが　適量

1　豚肉とキャベツは7〜8mm角に、麺ともやしは2cm幅に切る。

2　フライパンにごま油を中火で熱し、豚肉を入れて焼き目がつくまで炒める。

3　キャベツと麺を加えて炒め、全体がなじんだらAを加えて炒め合わせる。

4　ごはんともやしを加えてさっと炒め合わせ、塩をふる。

5　器に盛り、紅しょうがを添え、青のりをふる。

 手軽な材料でささっと作れて、子どもも喜ぶスナック感覚のメニューです。具に味をつけるとき、ウスターソースの辛みと中濃ソースの甘みを合わせると、ぐんと深みが出ます。

春雨えび春巻き

材料 2人分

春雨 30g

えび（ブラックタイガーなど） 5尾

片栗粉 大さじ1

長ねぎ（斜め薄切り） 1/3本分

キャベツ（5mm幅に切る） 120g

しょうが（せん切り） 1かけ分

春巻きの皮 5枚

A｜ 酒・オイスターソース・しょうゆ
　　各大さじ1
　　塩 少々

B｜ 薄力粉 大さじ1と1/2
　　水 大さじ1

ごま油 小さじ2

揚げ油 適量

粉山椒 少々

1 春雨はぬるま湯に5分ひたし、ざるに上げる。

2 えびは殻、尾、背ワタをとり、片栗粉をまぶしてもみ、流水で洗う。キッチンペーパーで水けをとり、厚みを半分に切る。

3 フライパンにごま油を中火で熱し、しょうがを入れ、香りが立ったら長ねぎとキャベツを加え、しんなりするまで炒める。1とAを加え、汁けがなくなるまで炒めて冷ます。

4 春巻きの皮1枚に5等分した3とえび1尾分をのせて巻き、合わせたBでとじる。170℃に熱した油に入れ、きつね色になるまで揚げる。斜め半分に切って器に盛り、好みで粉山椒をふる。

人気の中華おかずに春雨をたっぷり加えました。具にしっかりと味がついているので、そのままでも十分おいしいですが、粉山椒を少々ふるのもおすすめです。

エスニック麺のゆで方

冷麺と、フォーをはじめとする米粉麺のゆで方の紹介です。
本書のレシピで麺をゆでるときにご参照ください。

〈冷麺〉

❶ 鍋にたっぷりの湯を沸かし（麺2玉なら目安は約2ℓ）、麺をほぐしながら入れ、再沸騰させる。

❷ 菜箸でほぐしながら透き通るまで袋の表示通りにゆでる（ふきこぼれないように火加減を調節する）。

❸ ゆで上がったらすぐにざるに上げ、冷水にさらしながらぬめりをとってしめる。

❹ しっかりと水けをきる。

〈フォーなどの米粉麺〉

❶ 鍋にたっぷりの湯を沸かし（麺150gなら目安は約2ℓ）、麺を入れ、再沸騰させる。

❷ 菜箸でほぐしながら透き通るまで袋の表示通りにゆでる（ふきこぼれないように火加減を調節する）。

❸ ゆで上がったらすぐにざるに上げる。

❹ しっかりと湯をきる。

chapter 4

エスニック麺

Ethnic Style Noodle

タイやベトナム、韓国、インド。
各国料理のエッセンスがぎゅっと詰まった
16品のエスニック麺をお楽しみください。

グリーンカレーヌードル

材料　2人分

そうめん　3束 (150g)

鶏もも肉　200g

玉ねぎ　1/2個

ピーマン (赤・緑)　各1個

たけのこ (水煮)　120g

グリーンカレーペースト (市販品)
　　大さじ1と1/2

A ┌ ココナッツミルク (缶詰)
　│　2カップ
　└ 酒　1/4カップ

ナンプラー　大さじ1と1/2

オリーブオイル　小さじ2

粗びき黒しょう　少々

レモン (輪切り)　4枚

1　鶏肉は好みで皮をとり、4cm角に切る。玉ねぎは縦に薄切りにし、ピーマンはそれぞれ縦に4等分に切る。たけのこは放射状に薄切りにする。

2　鍋にオリーブオイルを中火で熱し、鶏肉を入れて焼き目がつくまで焼く。カレーペーストを加え、肉にからめながら炒める。

3　玉ねぎ、赤ピーマン、たけのこを加えてさっと炒め、Aを加えてひと煮立ちさせ、ふたをして弱火で約8分煮る。

4　中火に戻し、緑ピーマンとナンプラーを加えてひと煮立ちさせる。碗に盛り、黒こしょうをふる。

5　そうめんは袋の表示通りにゆで、冷水でしめて水けをよくきる。

6　器に盛り、レモンを添え、4につけて食べる。

味のアクセント

ココナッツミルク・ナンプラー
ココヤシの果実から作られるココナッツミルクは、タイの魚醤・ナンプラーとともにエスニックを代表する調味料です。

POINT ▷

グリーンカレーペーストは、鶏肉と一緒に炒めて、よくなじませる。

緑ピーマンは煮込むと色が悪くなるので、最後に加えてさっと火を通す。

タイ料理の人気メニューをつけ麺に。カレーペーストの辛さとココナッツミルクの甘みが溶け合ったスープと、そうめんが好相性です。ペーストの量の加減で好みの辛さに調整してください。

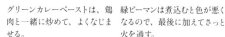

韓国冷麺

材料　2人分

冷麺　2玉
ゆで豚（→P97）　150g
きゅうり　1本　　塩　小さじ1/4
白菜キムチ　60g
ごま油　小さじ1
A｜スープ（→P66）　2カップ
　｜ナンプラー　大さじ2
　｜黒酢　大さじ1
ゆで卵（半分に切る）　1個
長ねぎ（白い部分）　7cm
白いりごま・粗びき赤唐辛子　各少々

1　ゆで豚は好みの厚さに切る。きゅうりは縦半分にして種をとり、斜め薄切りにし、塩をふってもみ、しんなりしたら水分をぎゅっと絞る。キムチはごま油を加えて混ぜる。

2　Aは合わせて冷やしておく。長ねぎは白髪ねぎ（→P89）にする。

3　冷麺は袋の表示通りにゆで、冷水でしめて水けをよくきる。

4　器に盛り、1をのせてAを注ぎ、ゆで卵と白髪ねぎをのせ、白ごまをふる。好みで赤唐辛子をふり、氷を加える。

つるつるとした弾力のある食感が特徴の韓国冷麺。決め手になるスープは、ひき肉と香味野菜を煮出した自家製のスープにナンプラーと黒酢をきかせました。冷たくしておくのがポイント。

梅と香り野菜の冷麺

材料　2人分

冷麺　2玉
ゆで豚（※）　100g
せり　8本
ブロッコリースプラウト　1パック
大根　120g
A ┃ だし汁（→P5）　2カップ
　 ┃ 梅酢（またはナンプラー）　大さじ2
梅干し　2個

1　せりは4cm長さに切り、スプラウトと合わせる。

2　Aは合わせて冷やしておく。大根はせん切りにする。

3　冷麺は袋の表示通りにゆで、冷水でしめて水けをよくきり、大根と合わせる。

4　器に盛り、1、細切りにしたゆで豚、梅干しをのせ、Aを注ぎ、好みで氷を加える。

※ゆで豚（作りやすい分量）

鍋に豚肩ロース肉300g、水3カップ、酒1/2カップ、しょうがの薄切り（皮つき）3〜4枚を入れて中火にかけ、煮立ったらふたをして弱火で約50分ゆでる（途中で水が少なくなったら肉がかぶるくらいまで水をたす）。

冷　韓国冷麺を和風にアレンジしました。かつおと昆布のだし汁に梅酢を加えたスープは、香りがよくてやさしい味で、冷麺とよく合います。アクセントの梅干しは、しそ漬けがおすすめです。

コングクス

材料 2人分

冷麺 2玉

大豆 (ゆでたもの) 80g

A | 煮干しだし汁 (→P5) 2カップ
  | ナンプラー 大さじ2

長ねぎ 1/4本

大根 150g

塩 小さじ1/4

黒いりごま 少々

1 ミキサーに大豆とAを入れ、なめらかになるまで撹拌し、冷蔵庫で冷やす。

2 長ねぎは斜め薄切りにし、水に5分さらしてざるに上げ、キッチンペーパーで水けをとる。

3 大根は3mm厚さの半月切りにし、塩をふってもみ、しんなりしたら水分をぎゅっと絞る。

4 冷麺は袋の表示通りにゆで、冷水でしめて水けをよくきる。

5 器に1を注ぎ、4を入れ、3と2をのせて黒ごまをふる。

コングクスは大豆などを使った冷たいスープに麺を入れる韓国料理。とろりとした滋味深いスープが麺によくからみます。さわやかな辛みがスープと好相性の大根を具材にしました。

ユッケジャン麺

材料　2人分

韓国うどん　2玉

牛カルビ焼き肉用肉　150g

玉ねぎ　1/2個

豆もやし（ひげ根をとる）　1/2袋

にんにく（せん切り）　1片分

A｜紹興酒（または酒）　大さじ2
　｜水　3カップ

B｜コチュジャン　小さじ2
　｜しょうゆ　大さじ2
　｜塩　少々

ごま油　大さじ1

細ねぎ（斜め切り）　3本分

粗びき赤唐辛子　少々

1　牛肉は細切りにする。玉ねぎは縦に薄切りにする。

2　鍋にごま油とにんにくを中火で熱し、香りが立ったら1を加え、牛肉に焼き目がつくまで炒める。

3　Aを加えてひと煮立ちさせ、アクをとり、Bを加えてなじませる。

4　うどんは袋の表示通りにゆでて湯をきり、3に加えてひと煮立ちさせる。豆もやしを加えて再度ひと煮立ちさせる。

5　器に盛り、細ねぎを散らし、赤唐辛子をふる。

韓国料理店でもおなじみのユッケジャンに、うどんを合わせました。牛肉と野菜たっぷりのスープはスタミナ満点。おいしいエキスを吸ったうどんも格別です。

トムヤム麺

材料 2人分

中華麺(生麺) **2玉**
えび(ブラックタイガーなど) **8尾**
片栗粉 大さじ2
しめじ 50g
玉ねぎ 1/2個

A
| | レモングラス **4本** |
| バイマックルー(あれば) **1枚** |
| 赤唐辛子(種をとる) **1本** |
| にんにく(つぶす) **1片分** |
| 酒 1/4カップ |
| 水 2と1/2カップ |

B
| | ナンプラー 大さじ1と1/2 |
| レモン汁 大さじ2 |

香菜(ざく切り) 6本分

1 えびは背に切り目を入れて背ワタをとり、片栗粉をまぶしてもみ、流水で洗う。しめじは石づきを切り落としてほぐす。

2 玉ねぎは縦に薄切りにする。

3 鍋にAと2を入れて中火にかける。煮立ったら1を加えて弱めの中火にし、ひと煮立ちさせてアクをとり、Bを加えてなじませる。

4 中華麺は袋の表示通りにゆでて湯をきる。

5 器に盛り、3をかけ、香菜をのせる。

汁 辛くて酸っぱいタイのスープ・トムヤムクンに中華麺を入れました。殻つきのえびからだしが出たスープはうま味たっぷりで、もちっとした中華麺と好相性です。

ガパオヌードル

材料　2人分

センレック　120g
鶏ひき肉　150g
玉ねぎ　1/2個
赤ピーマン　1個
卵　2個
にんにく (みじん切り)　1片分

A
　酒　1/4カップ
　水　2と1/2カップ

B
　ナンプラー　大さじ1と1/2
　レモン汁　大さじ1

オリーブオイル　大さじ1
バジルの葉 (ちぎる)　8〜10枚
ピーナッツ (粗く刻む)　大さじ2
粗びき黒こしょう　少々

1　玉ねぎと赤ピーマンは1cm四方に切る。

2　鍋にオリーブオイルとにんにくを入れて中火で熱し、香りが立ったらひき肉を加え、色が変わるまで炒め、1を加えてさっと炒める。

3　Aを加え、ひと煮立ちさせてアクをとる。ふたをして弱めの中火で約5分煮て、Bを加えてなじませる。

4　フライパンにごま油少々 (分量外) を熱し、卵を割り入れ、半熟の目玉焼きにする。

5　センレックは袋の表示通りにゆでて湯をきる。

6　器に盛り、3をかけて4をのせ、バジルを添え、ピーナッツを散らし、黒こしょうをふる。

汁　バジルの香りでエスニック気分が上がるガパオは、ごはんにかけるのが一般的なタイの定番料理。ここでは米粉麺のセンレックと合わせて新しい味に。

フォー・ガー

材料　2人分

フォー　150g

鶏胸肉　250g

A
| しょうが（皮つきのまま薄切り）
| 　1かけ分
| 酒　1/4カップ
| 水　1と1/2カップ

紫玉ねぎ　1個

B
| だし汁（→P5）　1と1/2カップ
| ナンプラー　大さじ2

バジルの葉・クレソンなど（食べやすく
　ちぎる）　適量

レモン（半分に切る）　1個

粗びき黒こしょう　少々

1　鍋に鶏肉とAを入れ、弱めの中火にかける。煮立ったらアクをとり、ふたをして弱火で約8分ゆでてそのまま冷ます。

2　紫玉ねぎは縦に薄切りにし、水に3分さらして水けをきる。

3　1の鶏肉を取り出して皮をとり、食べやすい厚さに切る。ゆで汁にBを加えて中火にかけ、ひと煮立ちさせる。

4　フォーは袋の表示通りにゆでて湯をきる。

5　器に盛り、3の鶏肉をのせて汁を注ぎ、2とバジルなどをのせる。レモンを搾り、黒こしょうをふる。

汁　定番のベトナム料理を、和風のだし汁をベースにした、やさしい味のスープでいただきます。鶏胸肉は水からゆっくりゆでると、しっとり仕上がり、おいしいだしも出ます。

なすココナッツ麺

材料　2人分

フォー　150g

豚ひき肉　150g

なす　2本

玉ねぎ　1/2個

にんにく（薄切り）　1片分

A｜ ┌ ココナッツミルク（缶詰）　1カップ

　　 酒　大さじ2

　　 └ 水　1カップ

ナンプラー　大さじ2

オリーブオイル　小さじ2

ミント　適量

1　なすは乱切りにし、玉ねぎは2cm幅のくし形切りにする。

2　鍋にオリーブオイルとにんにくを入れて中火で熱し、香りが立ったらひき肉と1を加え、全体がしんなりするまで炒める。

3　Aを加えてひと煮立ちさせ、アクをとる。ふたをして弱火で約4分煮て、ナンプラーを加える。

4　フォーは袋の表示通りにゆでて湯をきる。

5　器に盛り、3をかけ、ミントをのせる。

汁　豚ひき肉のうま味とココナッツミルクの甘みが溶け合ったスープに、つるつる食感のフォーがよく合います。少しもったりした食感を、すっきりさせてくれるミントも忘れずに。

103

パッタイ

材料　2人分

センレック　120g

えび（ブラックタイガーなど）　8尾

片栗粉　大さじ2

玉ねぎ　1/2個

寒干したくあん　50g

厚揚げ　1/2枚

溶き卵　2個分

アキアミえび（乾燥）　大さじ1強

にんにく（みじん切り）　1片分

A | てん菜糖（または上白糖）・しょうゆ　各小さじ1
　 | ナンプラー　小さじ2
　 | レモン汁　大さじ1

細ねぎ　4本

ごま油　大さじ1

白いりごま　小さじ2

1　えびは殻と背ワタをとり、片栗粉をまぶしてもみ、流水で洗う。玉ねぎは縦に薄切りにする。

2　寒干したくあんは5mm幅の細切りに、厚揚げは7〜8mm幅に切る。

3　フライパンにごま油少々（分量外）を中火で熱し、溶き卵を入れ、半熟状に炒めて取り出す。

4　3のフライパンにごま油とにんにくを入れて中火で熱し、香りが立ったらアキアミえびと玉ねぎを加えて透き通るまで炒める。2を加えてさっと炒め、Aを加えてひと煮立ちさせる。

5　センレックは袋の表示通りにゆでて湯をきり、4に加えて炒め合わせる。えびを加え、ふたをして弱めの中火で約2分蒸し炒めをする。

6　中火に戻し、汁けがなくなるまで炒め、3と3cm長さに切った細ねぎを加え、炒め合わせる。器に盛り、白ごまをふる。

味のアクセント

寒干したくあん

パッタイのアクセントとして欠かせないのがたくあん。ここでは寒干したくあんを使いましたが、普通のたくあんでもOKです。

> POINT

アキアミえびは風味を引き出すためによく炒める。

センレックを加えたら、汁を吸わせるようにしながら炒め合わせる。

炒　米粉麺のセンレックで作るタイ風焼きそば。味の出る食材のうま味を、麺にしっかり吸わせながら炒めます。お腹も心も満足できる、おいしさが詰まったひと皿です。

サブジビーフン

材料　2人分

ビーフン　100g

キャベツ　1/3個

玉ねぎ　1/2個

にんじん　1/2本

A ┃ カレー粉　小さじ1
┃ にんにく (つぶす)　1片分

B ┃ 白ワイン　80mℓ
┃ 水　1/3カップ

┃ しょうゆ　小さじ1

C ┃ 塩　小さじ2/3
┃ 粗びき黒こしょう　少々

オリーブオイル　大さじ2

1　キャベツは1cm幅に切り、玉ねぎは縦に薄切りに、にんじんは細切りにする。

2　フライパンにオリーブオイルとAを入れて中火で熱し、香りが立ったら1を加え、しんなりするまで炒める。

3　ビーフンとBを加えてひと煮立ちさせ、ふたをして弱火で約4分蒸し煮にする。

4　中火に戻し、汁けがなくなるまで炒め、Cを加えて味を調える。器に盛り、カレー粉少々 (分量外) をふる。

炒　インドのそうざい・サブジとビーフンを合わせて、野菜たっぷりのそうざい麺にしました。ビーフンはもどさず、野菜と蒸し煮にしておいしさを閉じ込めます。

牛肉と空芯菜炒め麺

材料　2人分

焼きそば麺　2玉
牛切り落とし肉　200g
空芯菜　1束
長ねぎ　1/2本
にんにく（せん切り）　1片分
A｜酒・みりん　各大さじ1
　｜ナンプラー　大さじ1と1/2
ごま油　大さじ1

1　空芯菜は5cm長さに切り、長ねぎは斜め薄切りにする。

2　フライパンにごま油大さじ1/2とにんにくを入れて中火で熱し、香りが立ったら牛肉と長ねぎを加え、肉の色が変わるまで炒めて取り出す。

3　2のフライパンに残りのごま油を熱し、ほぐした麺を入れ、さっと炒める。

4　2を戻し入れ、空芯菜とAを加え、ふたをして弱火で約1分蒸し炒めをする。中火に戻し、さっと炒め合わせる。

炒　アジア各国の料理に使われる空芯菜。炒め物にすることが多く、ここでは牛肉と長ねぎと一緒に炒めて焼きそば麺と合わせました。ナンプラーで風味を加えたしっかり味のひと皿です。

白身魚とディルのレモンあえ麺

材料　2人分

ビーフン　100g

白身魚 (さわら、すずき、鯛などの切り身)
　2切れ

塩　小さじ1/3

ディル　8本

A｜卵　1個
　｜薄力粉・水　各大さじ2

B｜赤唐辛子 (小口切り)　1/2本分
　｜にんにく (みじん切り)　1/2片分
　｜ナンプラー　大さじ1と1/2
　｜レモン汁　大さじ2

オリーブオイル　適量

1　白身魚は塩をふって約10分おき、キッチンペーパーで水けをとり、3等分に切る。薄力粉小さじ2 (分量外) をまぶし、合わせたAをからめる。

2　フライパンにオリーブオイルを2cmほど入れて中火で熱し、170℃になったら1を入れ、返しながらきつね色になるまで揚げる。

3　ビーフンは袋の表示通りにゆでて湯をきる。

4　器に盛り、2とざく切りにしたディルをのせ、合わせたBをまわしかける。

あ　ナンプラー風味の合わせだれで、具材と麺をあえて食べるさわやかなひと皿。手軽にできて食べごたえのある揚げ物は、そうざい麺におすすめです。

ベトナムなますとひき肉のあえ麺

材料　2人分

フォー　150g

牛ひき肉　150g

A｜酒　大さじ1
　｜塩　少々

大根　200g

にんじん　1/2本

塩　小さじ1/3

プチトマト（赤・黄）　各4個

B｜にんにく（みじん切り）　1/2片分
　｜ナンプラー　大さじ1と1/2
　｜レモン汁　大さじ2

ごま油　小さじ1

香菜（ざく切り）　6本分

1　大根とにんじんは細切りにし、塩をふってしんなりするまでもみ、約5分おいて水分をぎゅっと絞る。プチトマトは4等分に切る。

2　フライパンにごま油を中火で熱し、ひき肉を入れて色が変わるまで炒め、Aを加えて炒める。

3　1に合わせたBの半量を加えてあえる。

4　フォーは袋の表示通りにゆでて湯をきる。

5　器に盛り、2、3、香菜をのせ、残りのBをまわしかける。

大根とにんじんを合わせだれであえたベトナムなますを、トマトや香菜と一緒に麺にのせたサラダ感覚のあえ麺。炒めた牛ひき肉が味のアクセントです。

そうめんチヂミ

材料 20cmのフライパン1台分

そうめん　1束 (50g)

ちくわ　3本

長ねぎ　1/2本

卵　2個

A
| 白玉粉　大さじ3
| 酒・水　各大さじ1
| 塩　小さじ1/4

B
| 酢　大さじ1/2
| しょうゆ　大さじ1
| てん菜糖 (または上白糖)
| 　小さじ2

ごま油　大さじ2

粗びき赤唐辛子　少々

1　そうめんは袋の表示通りにゆで、冷水でしめて水けをよくきり、3〜4等分に切る。ちくわは7〜8mm幅に切る。長ねぎは5cm長さに切り、縦半分に切る。

2　Aは合わせてよく混ぜ、卵を割り入れて混ぜ、そうめんを加えてさっと混ぜる。

3　フライパンにごま油を中火で熱し、2を流し入れ、ちくわと長ねぎをのせる。しっかりと焼き目がつくまで3〜4分焼き、裏返す。

4　弱めの中火にし、焼き目がつくまで5〜6分焼く。食べやすい大きさに切って器に盛り、合わせたBをかけ、赤唐辛子をふる。

お　チヂミはお好み焼きに似た韓国料理。ゆでたそうめんを生地に加えて焼いたこの一品はボリューム満点。ねぎとちくわの食感も絶妙で、新しいおいしさです。

チャプチェ

材料　2人分

韓国春雨　60g

ボイルほたて　10個

玉ねぎ　1/2個

にんじん　1/2本

A ┃ おろししょうが　1かけ分
　┃ みりん・しょうゆ　各大さじ2
　┃ 塩　ひとつまみ

ごま油　大さじ1

細ねぎ（斜め切り）　3本分

1　韓国春雨はぬるま湯に約5分ひたしてざるに上げる。

2　玉ねぎは縦に薄切りに、にんじんは細切りにする。

3　フライパンにごま油を中火で熱し、2を入れてしんなりするまで炒める。1、ほたて、Aを加え、汁けがなくなるまで炒める。

4　器に盛り、細ねぎをのせる。

お　チャプチェは韓国の春雨炒め。甘辛味が一般的で、ここではほたてと野菜を具材にしました。韓国春雨の原料はさつまいものでんぷんで、太くてしっかりとした食感です。

ワタナベ マキ
Maki Watanabe

料理家。日々の食事を大事にしたいという思いから、2005年に「サルビア給食室」として料理の活動を始める。作りやすく、毎日食べても飽きのこないレシピが話題を呼び、現在は雑誌や書籍、広告、テレビなどで活躍中。ナチュラルなライフスタイルやファッションにもファンが多く、ショップとコラボした生活雑貨や洋服のプロデュースも手がける。『料理家ワタナベマキが家族のために作るごはん』『ごはんにかけておいしい。材料2つで炒めもの』(ともに小社刊) など著書多数。『冷凍保存ですぐできる絶品おかず』(家の光協会) と『そうざいサラダ』(小社刊) が第2回「料理レシピ本大賞」料理部門入賞。

STAFF

アートディレクション・デザイン／鳥沢智沙 (sunshine bird graphic)

撮影／合田昌弘

スタイリング／佐々木カナコ

校閲／滄流社

企画・取材・構成／草柳麻子

編集／泊出紀子

そうざい麺

著　者　ワタナベ マキ

編集人　泊出紀子

発行人　倉次辰男

発行所　株式会社 主婦と生活社
　　　　〒104-8357　東京都中央区京橋3-5-7
　　　　TEL 03-3563-5129 (編集部)
　　　　TEL 03-3563-5121 (販売部)
　　　　TEL 03-3563-5125 (生産部)
　　　　https://www.shufu.co.jp/

製版所　東京カラーフォト・プロセス株式会社

印刷所　共同印刷株式会社

製本所　共同製本株式会社

ISBN978-4-391-15477-1